KB161668

다시 가슴 뛰고 싶다면 브라질

여행과 일상에서 마주한
브라질 소도시의 빛나는 순간들

다시 가슴 뛰고 싶다면 브라질

초판발행 2020년 5월 29일
초판 2쇄 2020년 6월 19일

지은이 전소영
펴낸이 채종준
기획·편집 유나
디자인 김예리
마케팅 문선영

펴낸곳 한국학술정보(주)
주소 경기도 파주시 회동길 230 (문발동)
전화 031 908 3181(대표)
팩스 031 908 3189
홈페이지 http://ebook.kstudy.com
E-mail 출판사업부 publish@kstudy.com
등록 제일산−115호(2000. 6. 19)

ISBN 978-89-268-9954-0 13950

여행과 일상에서 마주한
브라질 소도시의
빛나는 순간들

글·사진 전소영

다시 가슴 뛰고 싶다면 브라질

이담
Books

아끼 누 브라지우
(Aqui no Brasil)

언젠가 브라질에서 만난 그녀가 그랬다. 내가 그동안 블로그에 남긴 글과 사진을 인쇄해서 가지고 다니며 보고 싶다고. 그저 두 아이와 브라질에서 여행을 다니고 소소하게 일상을 살아가며 보고 느낀 것을 적었을 뿐인데 그녀는 내게 과분한 평을 남겨주었다. 아마도 이곳에서 내가 경험한 일상과 여행이 완벽해서 그러는 것은 아닐 것이다. 오히려 평범한 한국의 주부가 무척이나 생경한 브라질에 던져져 실수를 통해 배우고 적응해가는 모습에 공감이 되어서, 그리고 내가 만난 브라질의 일상과 브라질 소도시들의 풍경이 한국에서는 전혀 예상할 수 없는 모습이었기 때문에 그랬으리라 짐작해본다. 그만큼 우리는 브라질에 대해 잘 알지 못한다. 나 역시 그랬다. 직접 경험해보기 전에는.

브라질에 오기 전에 내가 알고 있던 것이라고는 축구, 커피, 삼바, 카니발이 유명하다는 정도였다. 물론 그 모두가 브라질의 문화를 대표하는 것은 사실이다. 하지만 어떠한 이유에서 브라질 사람들이 커피를 사랑하고 축구에 열광하게 되었는지, 삼바가 무엇이고 왜 카니발을 즐기게 되었는지 알지 못하고서는 온전히 브라질을 이해할 수 없었다. 연결되지 않는 단편적인 지식일 뿐이었다. 부족한 앎은 곧 오해와 편견으로 이어졌다. 지구상의 모든 인종을 한데 모아 놓은 것처럼 다양한 사람들 중에 누가 진짜 브라질 사람인지 궁금했고, 유럽의 도시와 닮았으나 정서가 같지 않은 브라질의 풍경에 마음을 열 수 없었다. 어쩌다 이렇게 결이 다른 문화가 혼재하게 되었는지 도무지 이해할 수 없었다.

그래서 브라질을 알고 싶었다. 다행히 브라질 사람들은 세상에서 제일 친절한 사람들이어서 언제나 내게 다정하게 설명해주었다. 관련된 책을 찾아 읽기도 하였다. 하지만 가장 큰 배움은 직접 떠난 여행에서였다. 브라질 친구들에게 추천받은 여행지에 무작정 아이들과 가보기도 했고, 눈에 보이는 다양한 음식들을 고루 맛보기도 하였다. 몸으로 부딪쳐보며 가장 많이 알 수 있었다. 그렇게 하나씩 경험이 쌓일 때마다 알아가는 브라질의 모습이 무척 매력적이어서 난 멈출 수 없었다. 브라질의 일상이 곧 미지의 세계로 떠난 여행이었고, 브라질의 숨은 도시들을 찾아다니는 여행이 우리에게는 일상이 되었다.

"Aqui no Brasil."

아끼 누 브라지우. 가끔 브라질에 대해 이해가 되지 않는 것들이 생겨 물으면 브라질 친구들은 하나같이 대답했다. 여기는 브라질이라고. 세상에, 이렇게 무책임한 답변이라니. 하지만 이만큼이나 정확한 답이 또 있을까. 그저 브라질이라는 것 말고는 달리 설명할 길이 없다. 브라질이기에 그렇다. 존재 자체가 이유로 설명되는 곳, 가슴이 탁 트이는 쉼과 멈추지 않는 열정이 동시에 함께하는 땅. 브라질만의 독특한 매력을 찾아 지금부터 함께 떠나보자!

Prologue 아끼 누 브라지우(Aqui no Brasil)　　　　•4

CHAP 1

안녕,
브라질

브라질이라니, 농담이지?　　　　•14

낯선 세계와 만나다　　　　•17

우리는 매일 망고 파티!　　　　•21

세상에서 제일 친절한 사람들과　　　　•25

다양한 색을 가진 나라　　　　•28

CHAP 2

브라질
소도시에
물들다

1 Foz do Iguaçu 포스두이과수: 브라질이 시작되다

브라질 N0.1 여행지　　　　•35

신이 빚은 선물, 이과수 폭포　　　　•38

국경을 넘어 다시 악마의 목구멍으로　　　　•46

고기를 사랑한다면 브라질로　　　　•52

음식 값은 무게로 계산하세요　　　　•55

2 Salvador 살바도르: 아프리카와 만나다

진짜 브라질을 알고 싶다면　　　　•61

황금 성당에 내리는 비 • 65

펠로우리뇨(형틀) 광장 • 69

비극과 축복의 역사 • 74

색색의 소원 리본이 나부끼는 곳 • 79

바다와 바다거북 • 82

3 Minas Gerais 미나스제라이스: 금의 시대가 찾아오다

식민 시대의 흔적을 따라 • 87

미네이루 음식 • 91

23개의 성당을 품은 도시 • 94

두근거리는 광산 체험 • 97

돌 시장과 밤 풍경 • 102

브라질 최고의 미술관, 이뇨칭 • 105

4 Rio de Janeiro 히우지자네이루: 브라질이 피어나다

기적의 도시를 지나 경이로운 도시로 • 109

코파카바나 해변 • 113

히우지자네이루 예수상 아래 • 115

빵지아수까   • 119

인생 사진을 찍고 싶다면   • 123

브라질 카니발   • 130

히우지자네이루를 떠나며   • 133

5 São Paulo 상파울루: 커피의 나라가 되다

상파울루의 얼굴들   • 137

브라질에서 커피를 마시는 방법   • 147

예술의 도시 상파울루   • 153

축구 박물관과 빠까엥부 경기장   • 159

이민자들의 나라   • 163

녹음이 가득한 동물원   • 169

상파울루 근교 나들이   • 173

- 엥부 예술마을, 캄푸스두조르당, 올람브라, 과루자, 산토스, 우바뚜바

6 Florianópolis 플로리아노폴리스: 브라질 남부 바다여행

브라질 남쪽을 향해   • 185

카포에이라   • 187

요새와 바다 • 189

베뚜까헤루월드 놀이공원 • 192

플로리아노폴리스의 멋과 맛 • 197

7 Curitiba 꾸리치바: 친환경 생태도시

왜 우리는 꾸리치바에 갔을까 • 203

재미와 감성이 넘치는 재래시장 • 206

꾸리치바 식물원과 환경대학 • 209

세상을 담는 눈 • 213

시민과 함께하는 공원 • 216

페트병을 닮은 버스 정류장 • 223

8 Natal 나따우: 브라질 북부 바다여행

북쪽 바다로 • 227

브라질에서 호텔을 즐기는 법 • 229

버기 투어 • 232

용감한 아이 • 237

9 Brasília 브라질리아: 새로운 수도

우리의 마지막 도시 · 243
브라질 정치의 중심 · 245
성당에서 마주하는 빛의 서사시 · 251
오스카 니마이어를 만나는 시간 · 255
브라질이니까, 한국인이니까 · 258
투칸이 준 선물 · 260

10 Paraty 파라치: 매력적인 브라질

파라치 가는 길 · 265
시간이 멈춘 그곳, 파라치 역사지구 · 267
파라치 골목에는 행복이 스며있다 · 269
미각이 춤추는 곳 · 273
브라질의 모든 매력을 품다 · 276

CHAP 3

**가슴 뛰는
브라질**

브라질리언 타임	·282
브라질 시장에서	·284
오늘 하루를 위하여	·286
한여름의 크리스마스	·288
시골뜨기가 되는 날	·293
상상을 초월하는 생일파티	·295
브라질의 변화는 현재진행형	·299
위험하지만 아름다운	·303

Epilogue 두 아이 손잡고, 34개 브라질 도시 ·308

※ 일러두기
본문 내 브라질 포르투갈어 용어는 국립국어원에서 제공하는 외래어 표기법을 따랐으나
일부 용어는 최대한 현지 발음에 가깝게 표기하였음. ex) 리우데자네이루 → 히우지자네이루

· CHAP 1 ·

안
녕,
브
라
질

Probido fumar

브라질이라니,
농담이지?

만약 지구가 포근포근하게 삶은 감자라면, 한국에서 중심을 향해 젓가락으로 반듯하게 찔러 삐져나오는 반대편이 브라질이라고 한다. 흔히 12시간 넘게 비행기를 타야 하는 미국이나 유럽을 한국의 반대편으로 생각할 테지만 사실 한국에서 정확하게 지구 반 바퀴를 날아가야만 닿을 수 있는 그곳은 남미 대륙, 그리고 브라질이다. 우리 가족은 그곳에서 살아보기로 했다.

"브라질에서 살아보면 어떨 것 같아?"

남편에게서 처음 이야기를 들었을 때, 그저 농담이라고 생각했다. 믿을 수 없었다. 어쩌면 믿고 싶지 않았는지도 모른다. 사실 남편은 종종 해외 근무를 하는 선배들의 이야기를 하기도 했고, 브라질로 늘 출장을 다니고 있었던 터라 충분히 예상할 수 있는 일이었다. 하지만 막상 어렴풋한 생각이 현실이 되자 기대보다는 두려움이 앞섰다. 다른 나라도 아닌 브라질이니까.

브라질이라면 치안이 안 좋기로 소문난 나라 아니던가. 영어도 통하지 않는 나라, 아는 것이라고는 카니발과 축구가 전부인 나라. 당장 그 나라에 가게 된다면 어떤 음식을 먹고, 어떤 집에서 사는지, 기본적인 생활 모습조차 상상이 되지 않는 미지의 세계. 나에게 브라질은 그런 나라였다. 그리고 내게는 이제

막 돌잔치를 끝낸 아들과 5살 된 딸아이가 있었다. 이런 꼬맹이들을 데리고 브라질에서 살아야 한다니. 겁이 나는 것은 당연했다.

선뜻 그러겠노라 답하지 못한 채 여러 날이 지났다. 처음에는 브라질이어서 안 되는 이유가 머릿속을 가득 채웠다. 하지만 시간이 지날수록 만나지 못한 세계가 궁금해졌고, 어쩌면 우리의 예상과는 전혀 다른 시간이 펼쳐질지 모른다는 기대가 채워지기 시작했다. 그래, 까짓것. 가보지 뭐. 가기로 마음을 먹고 나자 생각보다 준비는 착착 진행되었다. 포르투갈어 한마디 할 줄 모르고, 아직 기저귀도 떼지 못한 아이도 있으면서. 낯선 세계를 만나보겠다는 기대와 설렘을 안고, 그렇게 우리는 브라질로 향했다.

한동안 '프리패스free-pass'라는 말이 유행
했다. 보통 무료승차권이나 사용권을 칭
하는 말이지만 최근에는 어떤 상황에서도
그대로 통과할 수 있다는 뜻으로 사용된
다. 브라질에도 만약 그런 프리패스가 있
다면? 단연코 '따봉Tá bom'이다.

브라질 포르투갈어인 '따봉Tá bom'은 'Está bom'을 줄인 말로, '매우 좋다'
는 뜻이다. 따봉은 우리에게도 이미 친숙하다. 80년대 후반, 국내에 출시되
었던 한 오렌지 주스의 광고 카피였기 때문이다. 당시 제품에 브라질산 오
렌지 과즙이 함유된 것을 강조하기 위해 브라질 오렌지 농장에서 TV 광고
촬영이 진행되었다. 출연자들은 엄지손가락을 치켜들고 '따봉'을 외쳤다.
입에 착 감기는 발음과 쉬운 제스처 덕분에 금세 유행어가 되었다.

광고에 나온 것처럼 브라질 사람들은 좋다는 대답으로 '따봉'이라 말한다.
말없이 엄지손가락을 치켜들기도 한다. 매우 좋을 때도 따봉, 상대방의 요
구를 수락할 때도 따봉, 운전하다 양보를 받았을 때도 따봉을 외친다. 따봉
하나면, 아니 엄지손가락 하나면 모든 대답이 가능할 정도다. 그러니 브라
질에서의 프리패스라 해도 되지 않을까. 브라질 사람들을 만나면 엄지손가
락을 들고 외쳐보자. 따봉!

낯선 세계와
만나다

　한국에서 브라질까지 총 비행시간만 24시간. 직항도 없어 비행기를 두 번 탄다. 기름이 모자라기 때문이라나. 경유지에서 기다리는 시간까지 포함하면 한국에서 브라질까지는 30시간이 걸리는 아주 먼 길이다. 지금은 운영이 중단된 대한항공의 브라질 상파울루행 직항을 탔을 때 경유 2시간을 포함해 총 26시간이 걸렸다. 현재는 타 항공사와 공동 운항 노선을 이용하면 짧은 경우 5~7시간 정도 경유해 약 30시간이 걸린다. 비행기를 자주 타는 사람에게도 힘든 경로다. 하물며 제 앞가림도 하지 못하는 두 아이를 데리고 타야 한다니. 여간 걱정이 되는 것이 아니었다. 우리보다 먼저 브라질에 가서 일을 시작한 남편은 미안해하며, 경유지였던 미국 LA공항까지 마중을 나오겠다고 했다. 그렇다면 내가 할 일은 두 아이와 LA공항의 상파울루행 비행기를 타는 곳까지 가는 것. 준비를 시작했다.

　드디어 브라질로 떠나는 날이 되었다. 우리보다 먼저 브라질로 출발한 컨테이너 이삿짐에 살림살이를 챙겨 보냈는데도 왜 이렇게 빠뜨린 것들이 많은지. 출국 전날 밤까지 이민 가방을 싸고 또 쌌다. 짐 싸기가 쉽지 않아서, 여전히 손이 많이 가는 어린 두 아이와 브라질에서 잘 살 자신이 없어서, 무엇보다 부모님과 당분간 헤어져야 한다는 사실에 나도 모르게 눈물이 뚝뚝 떨어졌다. 부모님 앞에서는 괜찮은 척을 하느라 더 큰 소리로 웃었지만 그런 나를 지켜보는 두 분의 눈가 역시 촉촉해지곤 했다.

"애들 둘 데리고 가려면 혼자 고생하겠다. 몸 건강하게 잘 챙기고 조심히 다
녀와."

참아보려 했지만 출국장 앞에서 내 손을 따뜻하게 잡아주시며 건네는 시어
머니의 말씀에 결국 눈물이 왈칵 쏟아지고 말았다. 그렇게 우리 모두 눈물의 환
송을 했다. 가족들과 헤어져 출국장으로 들어오니 정신이 번쩍 들었다. 이제부
터 오롯이 나의 몫이었다. 유모차를 접어서 메고, 한 손으로는 둘째를 안고, 다
른 손으로는 첫째의 작은 손을 꼬옥 쥐고, 드디어 비행기에 탑승했다.

그런데 비행기에 발을 딛자마자 돌발 상황이 발생했다. 지금까지 얌전했던
둘째가 갑자기 울기 시작하는 게 아닌가. '우웅-' 하며 큰 소리를 내는 비행기
때문인지, 환하게 맞아주는 승무원들이 낯설었기 때문인지는 모르겠지만 아이
는 평소 같지 않게 울기 시작했다. 부리나케 자리에 앉아 꼭 안아주자 아이는
이내 울음을 그쳤다. 휴, 다행이다. 하지만 안도한 것을 비웃기라도 하듯 갑자
기 화장실에 가야겠다는 생각이 들었다. 한 달에 한 번 여성에게 찾아온다는 마
법이 지금 시작된 느낌. 하아, 머릿속이 새하얘졌다. 아이들만 두고 갈 수 없어
셋이 함께 화장실에 갔다. 역시 불길한 예감은 적중했다. 비행기는 아직 뜨지도
않았는데 벌써 몇 번째 위기인지, 헛웃음이 나왔다.

승객들이 모두 탑승하고 드디어 비행기가 이륙했다. 아이들에게 사탕을 먹
이고, 좋아하는 만화를 틀고, 장난감을 쥐여주자 두 아이 모두 얌전히 잘 견뎠
다. 기내식도 잘 먹고, 곧장 잠이 든 아이들. 아이들을 챙기며 쪽잠을 청하니 12
시간이 순식간에 지났다. 드디어 미국이다.

탈 때처럼 쌍둥이 유모차에 두 아이를 태우고 비행기에서 내리자 바닥이 카
펫이다. 미국은 우리를 환영해주려 했던 걸까. 도무지 바퀴가 밀리지 않았다.
게다가 오르막은 왜 이리 많던지. 간신히 입국심사대를 찾아가 준비한 ESTA

비자를 보여주며 심사를 받았다. 이제 보안검색대만 지나면 남편이 있을 것이다. 긴 줄에서 차례를 기다리는데 저 너머에 우리를 기다리는 남편 얼굴이 보였다. 서둘러 보안 검색을 받고 몇 달 만의 가족 상봉을 했다. 하지만 반가움도 잠시. 상파울루까지 가는 직항은 환승 시간이 2시간밖에 되지 않아 서둘러 탑승 게이트로 향했다. 그리고 다시 12시간의 비행이 시작되었다.

이대로 조금만 더 있다가는 허리가 끊어질지도 모르겠다고 느낄 지경이 되자 브라질 상파울루에 도착했음을 알리는 기내 방송이 나오기 시작했다. 한국에서 출발해 상파울루까지 24시간에 걸친 두 번의 비행, 2시간의 경유, 4번의 기내식과 2번의 간식. 우리는 32시간 만에 목적지에 도착했다. 비행기 창을 가리고 있던 덮개를 걷어 올렸다. 유리창 너머로 파란 하늘과 하얀 구름이 보였다. 파랗다는 말로는 미처 다 표현할 수 없을 정도로 눈이 시리게 파란 하늘이었다. 그 아래로 빨간 지붕의 집들이 어지럽게 펼쳐져 있었다. 도시 계획 따위는 없었던 걸까. 규칙과 질서가 없어 보였다. 비현실적이라 느낄 만큼 아름다운 풍경과 무질서하게 펼쳐진 도시의 모습. 그것이 멀고 먼 여정의 끝에서 만난 브라질의 첫인상이었다.

브라질에는 '베이지뉴Beijinho'라는 인사법이 있다. 서로 어깨를 가볍게 끌어 안으며 볼을 맞댄다. 친한 경우에는 양쪽 볼을 대기도 하고, 볼에 직접 키 스를 하지만 보통은 한쪽 볼과 볼을 서로 맞대고 입으로만 쪽 소리를 낸다. 남자끼리는 악수나 가벼운 포옹으로 대신하고, 남녀 간이나 여자끼리는 베 이지뉴를 한다.

처음에는 낯선 사람과 볼을 맞대는 브라질 사람들의 인사법에 도무지 적 응이 되지 않았다. 하지만 시간이 지나고 브라질 친구들이 늘어갈수록 알 게 되었다. 항상 이렇게 서로의 온기를 느끼며 안부를 묻고, 서로에 대해 관심이 많은 브라질 사람들이기 때문에 늘 친절하다고. 그들의 따뜻한 마 음 덕분에 낯선 이방인의 삶이었지만 외롭지 않았다. 지금까지도 브라질을 따뜻한 나라로 기억할 수 있는 것은 아마도 그들의 다정한 마음씨와 친절 때문일 것이다.

우리는 매일
망고 파티!

    브라질에 도착한 우리는 현지인들이 이용하는 마트에 장을 보러 갔다. 가져온 짐을 우리가 살 집에 내려놓고 식사를 하자마자 나온 길이었다. 외국에서 살아본 적은 없지만 짧은 해외여행은 꽤 다녔던 나와 남편은 새로운 도시에 가면 현지인들이 이용하는 시장이나 마트에 들러 장을 보곤 했다. 스위스에서도, 파리에서도, 태국이나 베트남에서도. 그건 그 나라 사람들의 생활 모습을 조금 엿보고 싶다는 여행자의 호기심 때문이었다. 그들이 매일 식탁에 올리는 식재료가 무엇인지, 간식은 무엇인지, 평소 어떤 옷차림을 하고, 어떤 말과 행동을 하는지. 그저 보는 것만으로도 그들을 조금 이해하게 되고, 일상을 공유하는 느낌이 드는 게 좋았다. 자연스레 브라질에 도착한 첫날에도 우린 마트로 향했다. 나보다 먼저 브라질에 도착한 남편이 집 주변에서 안전한 마트가 어디인지, 계산할 때 포르투갈어로 어떻게 말하면 되는지 익혀둔 덕분이었다.

    마트는 매우 넓었다. 역시 세계에서 다섯 번째로 땅이 넓은 나라여서 그런 것일까. 넓은 마트와 광활한 지상 주차장은 서울에 살며 고층 빌딩에 익숙해진 내게 이국적으로 보이기까지 했다. 입구에서부터 마음이 설렜고, 마트로 들어가는 발걸음도 가벼웠다. 안으로 들어가자 온갖 종류의 열대 과일이 우리를 반겼다. 종류별로 정리해 탑처럼 쌓아놓은 과일들은 저마다의 빛깔을 뽐내며 반짝이고 있었다. 한국에서 먹던 것과는 비교할 수 없을 정도로 달고 과즙이 풍

부한 멜론^{Melão}, 성인 손바닥을 쫙 펼친 것보다 더 크고 튼실한 망고^{Manga}, 달콤
한 향이 코를 찌르는 포도^{Uva}, 입에 넣으면 사르르 녹아버리는 달콤한 파파야
^{Mamão}, 내 아이의 두상보다 세 배는 커 보이는 수박^{Melancia}. 여기에 구아바^{Goiaba},
마라쿠자^{Maracujá}(영어 이름은 패션푸르트)처럼 한국에서는 보기 어려운 열대과
일들까지. 그야말로 브라질은 과일의 천국이었다. 게다가 어찌나 크고, 말도 되
지 않게 저렴하던지. 어디 그뿐일까. 거리마다 바나나나무와 망고나무, 파파야
나무, 아세로라나무 같은 과실수가 흔했다. 어떠한 인위적인 돌봄 없이 자연의
햇빛과 풍부한 비가 키우는 땅의 산물이었다. 브라질에서 여러 해를 살았지만
사는 내내 자연이 주는 풍요로움에 감탄했다.

그래서 우리는 매일 과일 파티를 했다. 브라질에 도착한 날부터 망고와 멜론
을 양손 가득 사가지고 들어와 신나게 먹었다. 부드럽고 달콤한 망고는 두 아이
가 무척 좋아해서 브라질에서 지내는 내내 참 많이 먹었다. 특히 섬유질이 별로
없고 당도가 높은 망고 망가 빠우머^{Manga Palmer}를 자주 사먹었는데 나중에는 브
라질 도매 청과시장에서 박스 채로 사서 쌓아놓고 먹을 정도였다. 브라질에서
사는 내내 너무 많이 먹어서일까. 그 달콤한 맛과 진한 향을 여전히 기억하는
아이들은 한국에 돌아온 지금도 가끔 이야기한다. 브라질 망고가 먹고 싶다고.
그럴 때마다 브라질이 그리워진다. 하늘과 땅이 빚어내었던 열매들, 거지도 굶
어 죽지 않겠다는 농담에 고개를 끄덕이게 되었던 그곳의 풍요로움이 나는 여
전히 그립다.

다시 가슴 뛰고 싶다면 브라질

브라질의 정식 국명은 브라질연방공화국^{República Federativa do Brasil}이다. 브라질 국기는 초록 바탕에 노란 마름모, 그 안에 파란 원이 그려져 있다. 파란 원을 가로지르는 하얀 띠 위에는 질서와 전진^{ORDEM E PROGRESSO}이라 쓰여 있으며, 파란 원 안에 수놓인 27개의 별은 브라질의 26개 주와 1개의 연방특별구를 나타낸다. 네모난 브라질 국기 안에 담긴 색 또한 의미가 있다. 초록은 울창한 삼림, 노랑은 황금, 파랑은 하늘을 뜻한다. 브라질의 광대한 국토가 하나의 깃발 안에 들어있다.

브라질 국토의 면적은 약 8,514,876km²로, 남미 대륙의 약 47%를 차지한다. 대한민국 면적의 약 85배에 달하며, 러시아, 캐나다, 중국, 미국에 이어 세계에서 다섯 번째로 면적이 넓다. 그로 인해 지역별로 지형과 기후에 큰 차이가 있다. 일 년 내내 고온 다습한 열대우림도 있고, 눈이 내리는 지역도 있다. 자연히 사람들의 생활 방식과 문화 역시 다양하게 발전되어 왔다. 이러한 특성에 따라 브라질은 북부, 북동부, 중서부, 남동부, 남부, 이렇게 다섯 개의 지역으로 구분한다.

브라질 북부는 브라질을 대표하는 아마존의 열대우림이다. 브라질 전체 국토의 절반에 가까운 광활한 아마존 지역에 각종 희귀 동식물이 서식한다.

포르투갈 식민시대의 수도였던 살바도르와 바이아 지역은 북동부로 구분한다. 비옥한 토양지대와 반사막 평원으로 되어 있어, 전통적으로 사탕수수가 재배되었다.

중서부 지역은 고온다습한 열대성 기후이며, 1960년에 건설된 브라질의 새로운 수도 브라질리아 역시 이곳에 속한다.

남동부 지역은 아열대 기후를 기반으로 커피, 사탕수수, 옥수수 등의 농수산업과 광업, 상공업 등 다양한 산업이 고루 발달한 곳으로 에스피리투산투, 미나스제라이스, 상파울루, 히우지자네이루의 네 개 주가 속한다. 이 지역은 브라질 전체 GDP의 절반을 생산하는 브라질 경제의 중심이며, 인구의 약 42%가 밀집해있다(2020년 2월 브라질 국립통계원 IBGE의 자료).

남부 지역은 온대 기후이며, 주로 독일, 이탈리아 등 유럽계 이민자들이 정착했다. 남동부 다음으로 경제 및 의료, 교육 수준이 높은 지역이다.

이처럼 커다란 국토를 가진 브라질은 각기 다른 자연 환경을 배경으로 다채롭게 발전되어 왔다. 게다가 브라질은 에콰도르와 칠레를 제외한 대부분의 남미 국가들과 국경을 접하고 있어 남미에서 주도적인 역할을 해왔다. 동쪽으로는 대서양이 있고, 해안선의 길이만도 약 7,367km에 달한다. 그로인해 대항해시대에는 신대륙 탐험에 열을 올렸던 유럽 국가들이 가장 탐내는 땅이기도 했다. 몇 세기가 흘렀지만 여전히 브라질은 성장 가능성이 큰 신흥 시장이다.

세상에서 제일
친절한 사람들과

아이들과 브라질에 오기는 했지만 막상 할 수 있는 일이 없었다. 주변 지리도 잘 몰랐고, 포르투갈어를 배워본 적이 없으니 언어도 통하지 않았다. 슈퍼에 가서 물건을 고를 수도, 숫자를 알아듣고 돈을 셀 수도 없었다. 당장 말부터 배워야겠다고 생각했다. 아직 유치원에 다니지 않는 두 아이 때문에 집에서 하는 포르투갈어 과외를 시작했다. 같은 동네 이웃이었던 마리아 선생님과 그렇게 처음 만나게 되었다.

지구 반대편에서 아이들을 데리고 브라질에 온 한국여자에게 그녀는 첫 번째 브라질 친구가 되어 주었다. 언어에 그치지 않고 브라질 사람들의 집밥은 무엇인지, 집에서 어떻게 만드는지, 아이들이 아플 때는 어떤 약을 사서 먹이면 되는지, 아이들과 가기 좋은 가까운 여행지는 어디인지 그녀는 친절하게 가르쳐주었다. 게다가 얼마나 아이들을 예뻐하던지. 항상 안아주고 아이들 눈높이에 맞춰 놀아주는 그녀를 보며 브라질 사람들이 참 따뜻하다는 걸 알 수 있었다. 덕분에 외로움이 조금은 덜해졌고, 브라질이 서서히 좋아지기 시작했다. 그녀는 내게 브라질 생활에 적응할 수 있도록 도와주는 친절한 조력자였다.

시간이 지나며 차츰 나와 비슷한 나이에, 비슷한 육아를 하는 브라질 엄마들을 많이 사귀게 되었다. 그녀들은 서툰 포르투갈어로 더듬거리는 내게 국적을

뛰어넘어 친구가 되어 주었다. 어디 그뿐일까. 길에서 마주치는 낯선 사람들조차 아이 엄마인 내게 늘 친절을 베풀었다. 엘리베이터를 탈 때면 손을 내밀어 문을 잡아주고, 순서를 양보했다. 내 아이에게 눈을 맞추며 예쁘다는 칭찬을 멈추지 않았고, 항상 이름과 나이를 물어보며 인사를 건넸다. 아이가 나보다 먼저 달려가기라도 하면 약속이라도 한 듯 길을 터주고, 아이가 달려간 방향을 알려주느라 바빴다. '네 아이는 참을 수 없을 만큼 귀여워'라는 감탄과 함께.

세계 일주를 마친 많은 이들이 전 세계에서 가장 친절을 경험한 나라로 브라질을 꼽는다고 한다. 어느 나라나 관광업에 종사하는 사람들은 대게 친절하기 마련이지만 어떤 보상도 없이 순수하게 친절을 베푸는 사람들이 바로 브라질 사람들이다. 때로는 친절을 넘어 과한 관심으로 느껴질 정도로 정이 많고 돕기를 주저하지 않는다. 그들의 친절을 경험할 때마다 고맙기도 하고, 한편으로는 잘 이해가 되지 않기도 했다. 이 나라 사람들은 어쩌면 이렇게 모든 일에 여유롭고 따뜻할까. 서두르는 법이 없고, 아이의 작은 실수 같은 건 웃으며 넘길 만큼 관대할까. 그래서인지 쇼핑몰처럼 사람들이 많은 곳에서 휠체어를 탄 백발의 노인이나 장애가 있어 몸이 불편한 아이들을 자주 만날 수 있었다. 남들과 조금 다른 것을 따가운 시선 대신 따뜻한 친절과 배려로 대할 수 있는 브라질 사람들이어서, 약자에 대한 관심과 배려가 매너라는 것을 몸으로 말해주는 사람들이어서 가능한 것 아닐까.

브라질에서 만 60세 이상의 노인을 일컫는 말이다. 작은 동네 슈퍼에서부터 고속도로 휴게소, 대형 쇼핑몰에 이르기까지 주차장이라면 어디에나 노인들을 위한 이도수^{Idoso} 전용 주차 공간이 준비되어 있다.

브라질에서는 60세 이상의 노인들뿐 아니라 장애인, 임산부, 환자, 유아 동반 부모는 모두 우대^{Preferencial}를 받는다. 비행기에 탑승할 때도, 주차를 할 때도, 버스나 지하철의 자리도 언제나 이들이 최우선이다. 선진국이라 일컫는 나라들에서도 쉽게 경험하지 못할 양보와 배려를 브라질의 일상에서 만날 수 있다.

▲ 슈퍼 주차장에 표시된
　이도수 전용 주차 구역 안내문

▲ 노약자, 장애인, 임산부,
　유아동반자 우대석

다양한 색을
가진 나라

브라질에 도착했을 때 가장 놀란 것은 길에서 마주치는 사람들의 모습이 내 예상과 너무 달랐다는 것이다. 한국에 있을 때는 브라질 사람이라면 축구선수 펠레 같은 흑인이 대부분일 것이라고 생각했다. 혹은 MBC 다큐멘터리 '아마존의 눈물'에서 보았던 것 같은 인디오들도 있지 않을까 생각했다. 하지만 상파울루 과룰류스 공항에서 만난 사람들은 예상과 달리 무척 다양했고, 백인이 특히 많았다. 우리가 살게 될 동네로 오자 상황은 더했다. 단독 주택들이 모여 있는 동네였는데 우리가 사는 도로에 동양인이 사는 집은 우리밖에 없었다. 흑인도, 인디오도 없었다. 이웃들은 모두 하얀 피부에 밝은 컬러의 머리카락을 가진 백인과 백인계 혼혈인이었다. 브라질이 아니라 유럽에 살고 있는 것 같은 착각마저 들었다.

몇 년간 브라질에서 살며 느낀 것은 정말 다양한 인종이 모여 사는 나라라는 것이다. 지젤 번천 같은 백인도, 펠레 같은 흑인도 모두 브라질인이다. 유학이나 취업 때문에 스스로 이민을 온 것이 아니라 몇 세대 이전에 브라질에 정착한 이들의 후손이기 때문에 외모는 다를지언정 모두 브라질에서 태어나 포르투갈어를 구사하는 뼛속까지 브라질 사람이었다. 그래서일까. 브라질에서는 서로 다른 피부색과 모습을 가졌다고 함부로 차별하지 않았다. 오히려 타인에 대한 배려와 관용, 친절이 미덕인 나라였다.

다시 가슴 뛰고 싶다면 브라질

그럼에도 불구하고 인종 간의 보이지 않는 장벽은 엄연히 존재했다. 수업료가 비싼 사립학교나 유치원에서는 흑인을 찾아보기 어려웠다. 고급 주택단지일수록 백인의 비율이 높고, 시 외곽 빈민가로 갈수록 흑인이나 흑인계 혼혈인이 더 많았다. 부유한 동네의 주민들은 백인이지만 가사도우미, 수영장 청소부 같은 노동자는 흑인인 경우가 많았다. 물론 브라질 전체로 일반화하기는 어렵지만 내 주변의 브라질 사람들 역시 이렇게 생각하고 있었다.

이쯤 되면 인종 간의 갈등이 있을 법도 하지만 내가 느낀 브라질은 그 원인을 인종 차별과 결부시키지 않았다. 오히려 사회 구조적인 문제나 교육의 불평등에서 찾고, 해결하기 위해 노력하고 있었다. 이미 브라질은 다양한 인종, 혼혈의 나라이자 서로 다름을 존중하는 정서가 저변에 깔려 있는 나라이기 때문 아닐까.

생각이 거기에 닿자 더욱 브라질이 궁금해졌다. 수세기동안 어떤 일을 겪었기에 이렇게 서로 다름을 인정하고 공존하는 나라로 성장할 수 있었을까. 이렇게 큰 나라에 이토록 다양한 사람들이 모여 사는데 내가 사는 이 조그만 동네를 벗어나면 또 얼마나 다른 세상이 펼쳐질까. 브라질의 북쪽에도, 남쪽에도 가보고 싶어졌다. 이 나라가 가진 다양한 색이 만들어내는 다채로운 문화와 그 매력을 만나보고 싶다는 생각이 들었다. 그래서 우리 부부는 두 아이 손을 꼭 붙잡고, 발로 직접 걸으며 브라질의 여러 도시들과 만나기 시작했다. 같은 나라라고 믿기 어려울 만큼 매력적인 브라질의 여러 도시들과.

브라질의 인구는 약 2억 1100만 명(2020년 2월 브라질 국립통계원 IBGE 의 자료)으로 세계에서 여섯 번째로 인구가 많다. 그뿐만 아니라 브라질은 인종 구성이 다양하기로도 유명하다. 브라질 국립통계원에서는 매 10년마다 인종별 구성을 발표하는데 2010년 자료에 따르면 백인 47.51%, 혼혈인 43.42%, 흑인 7.52%, 황인 1.1%, 인디오 0.42%로 나타난다.

브라질 인구의 절반을 차지하는 백인은 주로 포르투갈계, 그리고 19세기에 유입된 이탈리아, 독일 등 유럽계 후손이다. 특히 유럽 이민자들은 유럽과 기후가 비슷한 산타카타리나, 히우그란지두술 등 브라질 남부 일대에 주로 정착하였다. 세계적인 모델 지젤 번천 역시 히우그란지두술 출신으로 독일계 부모 사이에서 태어났다.

그다음으로 많은 비중을 차지하는 혼혈인들은 주로 백인과 흑인의 혼혈인 물라토 ^{Mulato}, 백인과 인디오의 혼혈인 카보클로 ^{Caboclo}다. 이들은 포르투갈의 식민 지배를 받은 16~17세기부터 혼혈이 이루어졌으며 그 역사가 오래되어 이제는 인종의 뿌리를 찾기 어려울 정도다. 이렇게 백인과 혼혈인이 브라질 인구의 상당 부분을 차지한다.

그 다음으로 많은 인종은 흑인이다. 이들은 16세기 아프리카에서 노예선을 타고 이주한 역사를 가지고 있다. 흑인 역시 혼혈이 많이 이루어져 순수한 흑인의 비율은 브라질에서 그리 높지 않다. 이들은 16세기 사탕수수 산업으로 번창하였던 브라질 북동부의 바이아 일대에 집중되어 있다.

반면 포르투갈이 브라질을 발견하기 전에도 이 땅에 거주하였던 남미 인디오들은 아마조니아 등 북부 지역에 주로 거주한다. 인디오들은 포르투갈이 브라질 땅을 밟은 이후 유럽에서 전해온 전염병으로 상당수가 사망하거나 노예로 포획되는 것을 피해 아마존의 깊은 숲으로 흩어졌다고 한다. 또한 백인과의 혼혈도 많이 이루어져 순수한 인디오는 남아 있는 수가 많지 않다.

마지막으로 황인은 주로 아시아인으로 유럽인의 뒤를 이어 가장 마지막인 20세기에 브라질 이주를 시작하였다. 일본인의 이민 역사가 가장 오래 되었으며, 브라질 전체 인구 구성에서 차지하는 비율은 낮지만 브라질 사회에 성공적으로 안착하였다.

이처럼 브라질은 다양한 인종과 그들 사이의 혼혈인들이 한데 모여 나라를 이루고 있다. '인종의 용광로'라는 별명이 전혀 어색하지 않다.

· CHAP 2 ·

브라질 소도시에 물들다

Foz do Iguaçu

포스두이과수

브라질이 시작되다

브라질
N0.1 여행지

브라질에 온 지 6개월이 되었다. 그 사이 포르투갈어를 익혀 말이 조금 통하고, 운전도 할 수 있게 되었다. 이제는 부모님이 오셔도 안내해드릴 수 있겠다는 자신감이 생기자 곧장 두 분을 초대했고, 함께 이과수로 향했다.

남미 여행을 계획하는 사람들에게 브라질에서 제일 가보고 싶은 여행지는 아마 이과수* 폭포와 예수상이 있는 히우지자네이루일 것이다. 이과수 폭포는 세계 3대 폭포에 들어갈 만큼 엄청난 광경을 자랑하고, 히우지자네이루 역시 세계 3대 미항 중 하나로 브라질의 역사와 문화를 느끼기 좋은 도시이기 때문이다.

이과수 폭포는 브라질, 아르헨티나, 파라과이, 세 나라의 국경 사이를 흐르는 이과수 강에 있다. 폭포의 약 80%가 아르헨티나에 있어 브라질에서는 이과수 폭포를 파노라마로 감상할 수 있고, 아르헨티나에서는 폭포 사이를 탐험하는 기분으로 트래킹을 하거나 발밑으로 떨어지는 아찔한 물줄기를 폭포 위에서 감상할 수 있다. 양쪽에서 경험하는 이과수 폭포가 꽤 다르다 보니 브라질과

• 이구아수

아르헨티나 둘 중 어디가 더 마음에 들었는가 하는 것은 남미 여행자들 사이에서 항상 빠지지 않는 대화 주제이기도 하다. 간혹 둘 중 어느 쪽을 보면 좋겠는지 묻기도 한다.

하지만 진짜 이과수 폭포의 매력을 충분히 감상하기 위해서는 브라질과 아르헨티나 양쪽에서 모두 보아야 한다. 이과수 폭포에서는 명실공히 남미 최고의 장관을 볼 수 있기 때문이다.

이과수 폭포가 있는 포스두이과수는 브라질 파라나 주에 속한 도시다. 우리가 살았던 상파울루 주의 깜삐나스^{Campinas}에서는 차로 운전해서 가기에 꽤 먼 거리여서 대부분 비행기를 이용한다. 브라질에서는 라땀^{LATAM}, 고우^{GOL}, 아줄^{AZUL} 등 다양한 항공사의 국내선을 이용할 수 있다. 브라질은 워낙 넓은 나라여서 차로 가려면 무척 오래 걸리는 경우가 많기 때문이다. 물론 차에 필요한 짐을 싣고 며칠씩 운전해서 떠나는 사람들도 있고, 잠을 자며 장거리 이동을 할 수 있는 침대 버스도 발달해 있다. 하지만 우리에게는 아직 어린 아이들과 한국에서 오신 부모님이 계셨기 때문에 비행기를 이용하기로 했다.

사실 브라질에서 항공편을 이용하는 국내 여행은 우리에게도 처음이었다. 우리가 이용한 항공사는 아줄. '파랑'을 뜻하는 항공사의 이름처럼 파란 꼬리와 프로펠러가 달린 귀여운 비행기였다. 가까운 구간이라 식사 대신 간식과 음료가 제공되었다. 브라질 사람들이 입이 출출할 때 자주 먹는 짭짤한 스낵 'Salgado', 달콤하고 부드러운 머핀 'Bolinho', 포장된 사과, 비행기 모양의 젤리 같은 것들이었다. 소소한 간식거리에 지나지 않았지만 마냥 좋았다. 처음 타보는 브라질 국내선 비행기도, 브라질 사람들의 입맛에 맞는 간식들도, 지구 반대편에서 오신 부모님이 지금 곁에 계신다는 사실도 모두 꿈만 같았다. 어쩌면 브라질을 본격적으로 여행한다는 사실에, 그리고 그 시작이 이과수 폭포라는 생각에 설레었기 때문인지도 모른다. 그런 내 곁에서 둘째는 비행기 모양의 젤리를 색깔별로 줄 맞춰 놓고 있었다. 이렇게 어린 너와 브라질을 여행하고 있다니.

생각만으로도 가슴이 벅차고 감사했다.

　잠시 후, 비행기가 고도를 낮추는 것이 느껴지기 시작했다. 덮개를 걷어 올
린 창 너머로 짙푸른 숲이 보였다. 그리고 그 한가운데 자리한 물줄기. 설마 저
기가 이과수 폭포인걸까? 놀란 마음으로 창에 코를 대고 쳐다보았다. 맞다! 울
창한 숲 사이, 한 마리의 뱀이 헤엄치듯 굽이쳐 흐르는 강의 끝에는 말로 표현
할 수 없는 물보라가 일어나고 있었다. 드디어 이과수 폭포에 도착했다!

신이 빚은 선물,
이과수 폭포

　　포스두이과수 공항을 나오자 현지 업체의 밴 운전기사가 우리를 맞아주었다. 여행 동안 택시나 렌터카 대신 이용할 밴을 예약해둔 덕분이었다. 공항에서 이과수 국립공원까지는　차로 15분 정도 걸렸다. 입장권을 구입하고 들어가자 투칸이 그려진 초록빛 이층 버스가 서 있었다. 낙후되고 지저분할 것이라는 편견이 있었는데 전혀 그렇지 않았다. 버스는 깔끔했고, 도로도 잘 정비되어 있었다. 또한 무분별한 여행자들의 출입과 그로 인해 발생할 수 있는 훼손으로부터 자연을 보호하고 있다는 인상을 받았다. 이과수 강과 폭포, 풍성한 삼림은 브라질의 국립공원일뿐 아니라 유네스코 세계유산이며 지구의 보물이라는 것이 새삼 느껴졌다.

　　이층 버스의 2층 맨 앞자리에 앉았다. 버스는 나무가 줄지어 서 있는 도로를 달렸다. 유리창 너머로 들어오는 바람은 상쾌했고, 여러 나라의 언어가 한데 섞인 여행자들의 말소리는 종알종알 노랫말처럼 들렸다. 기분이 좋았다.

　　우리는 마지막 정류장인 이과수 폭포 입구에서 내렸다. 아아! 절로 탄성이 나왔다. 그곳에는 짙푸른 숲 사이로 떨어지는 거대한 물줄기가 끝없이 펼쳐져 있었다. 왜 그렇게 많은 사람들이 나이아가라 폭포, 빅토리아 폭포보다 더 멋지다 말하였는지 단번에 알 수 있었다. 그런데 더욱 놀라운 사실은 이것이 전부가

아니라는 것이다. 이과수 폭포는 275개의 크고 작은 폭포가 약 2.7km에 이르도록 쉴 새 없이 이어진다. 저마다 다르지만 높이가 평균 64m, 최대 84m에 달하고, 1초당 떨어지는 물의 양이 약 6만 톤 이상이라고 한다. 과라니족의 언어로 '물'을 뜻하는 '이구^{Igu}'와 '크다'는 뜻의 '아수^{Azu}'가 결합해 이과수 폭포라고 부른다더니 이름 그대로 웅장한 규모와 경치를 자랑했다. 사진이나 영상에서 보던 것과는 비교가 되지 않는 장엄함에 깜짝 놀랄 수밖에 없었다.

"어, 얘네 뭐야. 왜 자꾸 나한테 오지."

어디선가 남편의 당황하는 목소리가 들렸다. 돌아보니 너구리같이 생긴 아이들이 어슬렁어슬렁 남편 주위로 몰려들고 있었다. 갈색 털과 긴 꼬리를 가진 동물이었다. 생각해 보니 버스에서 내리자마자 봤던 경고문에서 피가 철철 나는 손가락 사진 옆에 나란히 붙어 있던 사진 하나가 떠올랐다. 이 녀석들이 바로 코아티^{Coati}구나.

코아티는 우리나라에서 긴코너구리라 부르는 미국너구리과의 동물이다. 긴 코와 뾰족한 얼굴, 줄무늬가 있는 긴 꼬리를 가지고 있다. 주로 중남미에 서식해서 이과수 강 주변의 울창한 삼림에서도 쉽게 만날 수 있다. 그런 녀석 중 하나가 남편에게 바짝 다가오더니 앞발을 세우며 서는 게 아닌가. 바지 주머니에 뭐가 들어있기에 그러나 싶어 손을 넣어보니 아이들이 보채면 달랠 요량으로 챙긴 사탕과 간식이 잔뜩 나왔다. 설마 이 냄새를 맡아서 그랬을까. 야생 동물에게 먹을 것을 줄 수는 없어 작별 인사를 하고 돌아섰다. 자, 이제부터 이과수 폭포와 함께 걸어보자!

브라질 이과수 국립공원에서는 폭포의 초입에서부터 가장 절경이라는 악마의 목구멍^{Garganta do Diabo}까지 약 1.6km가 되는 길을 걸으며 끝없이 이어지는 폭포를 감상할 수 있다. 둘레길처럼 잘 정비되어 있어 두 돌이었던 둘째도 걷다 힘들어질 때쯤 잠시 안아주니 충분히 걸을 수 있었다. 울창한 숲이 길 위로 그

다시 가슴 뛰고 싶다면 브라질

늘을 만들어주어 덥지 않았다. 그래도 걷다가 목이 마르면 챙겨온 생수를 마시거나 중간에 있는 매점에서 시원한 아이스크림을 사먹었다. 엄청난 수량의 폭포 곁에 있어 조금 습하다는 것 외에는 전혀 힘들지 않았다. 게다가 이렇게 폭포가 연이어 나타나는데 조금도 지루하지 않다니. 신기할 정도로 폭포는 계속되었고, 저마다 생김과 소리에 개성이 있었다. 매 순간 마주하는 이과수 폭포의 모습은 감동이었다.

그렇게 40여 분을 걷자 드디어 악마의 목구멍이 나타났다. 지금까지 폭포를 옆에 두고 나란히 걸었다면 이제는 여정의 클라이맥스를 바로 앞에서 만날 순간이다. 길의 끝에는 폭포 위를 가로지르는 철제 다리가 하나 있는데 악마의 목구멍 바로 앞까지 걸어갈 수 있었다. 그래서인지 모두 한껏 상기되어 있었다. 공중에는 눈에 보이지 않을 정도로 자잘한 물 입자가 가득했다. 촉촉한 물기를 느낀 여행자들은 준비해온 우비를 꺼내 입고, 가져온 카메라를 방수팩에 넣으며 준비했다.

우리도 아이들에게 우비를 입히고 다리 위를 걷기 시작했다. 그 아래로 우렁차게 흘러내려가는 강물이 보였다. 곳곳에 놓인 바위틈 사이로 용솟음치며 내려가는 물을 보고 있자니 가슴이 뻥 뚫리는 것 같았다. 물은 높은 곳에서 떨어지고, 바위에 부딪치며, 그리고 굽이친 강을 따라 흘러내려가면서 저마다의 소리를 내었다. 곳곳에서 만들어져 합쳐진 소리는 자연이 만들어내는 합주라 할만 했다. 악마의 목구멍을 향해 걸어갈수록 그 소리는 크레센도가 되었다. 내발걸음에도 경쾌한 리듬이 더해졌다.

주위 사람들 모두 나와 같은 마음이었는지 다들 환호성을 지르거나 '까악' 소리를 내며 걸음을 옮겼다. 피부색도, 눈동자색도, 쓰는 언어도 제 각각이었지만 그 순간만큼은 모두 한 마음이었다. 그 중에는 손녀를 품에 안고 걷는 나의 친정어머니도 계셨다. 죽기 전에 해보고 싶은 버킷리스트에 남미여행이 있었다는 나의 엄마. 소녀처럼 환하게 웃으시는 친정어머니와 그 품에 안긴 나의 딸

곁으로 세찬 물줄기와 뽀얀 물보라가 가득 피어나고 있었다. 그리고 그 위에 자리한 선명한 무지개를 나는 볼 수 있었다. 이토록 웅장하고, 아름다우며, 눈부신 광경이 또 있을까. 신을 믿지 않는 사람조차도 그 존재를 인정할 수밖에 없을 정도로 완벽하게 아름다웠다. 이과수 폭포도, 이 순간을 나와 함께 하는 사람들도 오롯이 나를 위해 신이 주신 선물이라는 것을 깨달을 수 있었다.

벅찬 마음을 안고 다시 다리를 걸어 나왔다. 물에 흠뻑 젖어 모습은 볼 품 없어졌지만 기분은 그 어느 때보다 상쾌했다. 깔깔깔 웃음이 절로 나왔다. 엘리베이터를 타고 전망대로 올라가자 폭포가 시작되기 전의 이과수 강과 그 아래로 펼쳐진 폭포가 한눈에 들어왔다. 아무도 말이 없었다. 잠시 대화를 멈추고, 저마다 오늘 내가 만난 이과수 폭포를 눈과 귀에, 그리고 가슴에 꼭꼭 새겨 넣었다.

이과수 폭포의 감동을 되새기며 우리는 강가 식당에서 식사를 했다. 창밖으로 유유히 흐르는 강물은 식당 한쪽에서 감미롭게 부르는 라이브 음악처럼 더없이 평화로웠다. 조금 전에 우리가 느꼈던 환희와 감동은 상상할 수 없을 정도로. 문득 이렇게 고요한 강만을 바라보고 산 사람이 과연 그 아래 폭포의 절경을 상상할 수 있을까 하는 생각이 들었다. 아마 직접 부딪히고 경험해보지 않는다면 결코 알지 못하리라. 우리의 삶도, 결국 브라질도.

돌이켜보면 이과수 여행은 브라질에 대한 편견을 깨고, 앞으로의 삶과 여행을 기대하게 만들었던 시작점이었다. 자연을 소중히 여기고 법으로 보호하는 나라이자 직접 보지 않고는 감히 설명할 수 없는 자연의 위엄과 감동을 고스란히 간직한 나라. 조금은 두렵고 피하고 싶었던 브라질에서의 삶이 어쩌면 신이 내게 주신 선물일지도 모른다는 기대를 가지게 되었다. 이과수 폭포에서 그렇게 나는 브라질과 감동적인 첫 만남을 시작했다.

다시 가슴 뛰고 싶다면 브라질

'브라질'이라는 나라의 이름은 붉은 색을 내는 천연 염료에서부터 시작되었다. 15~17세기의 세계는 이른바 대항해 시대였다. 특히 포르투갈은 바스코 다가마Vasco da Gama가 바닷길로 인도에 도착한 첫 번째 유럽인이 된 것을 계기로 대서양 중심의 무역과 신대륙 탐험에 박차를 가하게 되었다. 그 중 페드로 알바레스 카브랄Pedro Alvares Cabral과 그의 함대는 동쪽 세계를 탐험하기 위해 닻을 올렸고, 마침내 1500년 4월 22일, 브라질 바이아 주의 한 해안에 도착하게 되었다. 이것이 세계사에 기록된 최초의 브라질 발견의 순간이다.

브라질에 처음 발을 디딘 포르투갈인들은 신대륙을 탐험하였고, 신기한 나무를 발견하게 되었다. 줄기 속이 붉게 물든 나무였다. 당시 유럽에서는 자연 상태에서 붉은 염료를 구하기가 어려워 붉게 물들인 천은 왕실이나 귀족 등 상류층에서만 사용할 수 있었다. 그런데 이 나무에서 붉은 염료를 추출할 수 있었고, 인공 염료가 개발될 때까지 귀한 자원이 되었다. 동시에 나무의 이름인 '빠우 브라지우Pau-brasil'를 따라 신대륙은 '브라질(현지 발음으로 브라지우)'이라는 나라 이름을 가지게 되었다. 드디어 브라질이 시작되었다.

국경을 넘어 다시
악마의 목구멍으로

　다음 날 아침, 오늘은 브라질에서 국경을 넘어 아르헨티나로 가는 날이다. 이과수 폭포는 브라질, 아르헨티나, 파라과이를 지나는 이과수 강에 위치해있으며 브라질과 아르헨티나는 그 일대를 각각 이과수 국립공원으로 관리한다. 브라질에는 포스두이과수^{Foz do Iguaçu}에, 아르헨티나에는 미시오네스 주의 푸에르토 이과수^{Puerto Iguazú}에 있다. 두 도시 사이에는 검문소가 있어 버스나 자가용 등 육로를 이용해 쉽게 국경을 넘을 수 있다. 우리는 전날과 마찬가지로 밴을 타고 이동했다. 강이 흐르는 다리를 건너자 바로 아르헨티나 국기가 펄럭이는 검문소가 나타났다. 이곳에서 여권에 출입국 확인만 받으면 되었다. 대륙의 끝에 있는데다 북한이 가로막고 있어 육로로는 출국할 수 없는 나라에 살았던 내게 무척 신기한 경험이었다.

　조금 더 달리자 아르헨티나 이과수 국립공원이 나타났다. 브라질과 아르헨티나는 사용하는 언어도 다르지만 화폐도 다르다. 브라질에서는 헤알^{Real}을 쓰고, 아르헨티나에서는 페소^{Peso}를 사용한다. 미리 바꾸어온 페소로 입장권을 구입해 들어갔다. 오늘도 어제처럼 감동적일까. 부푼 가슴으로 걸음을 옮겼다.

　아르헨티나 이과수 국립공원의 백미는 역시 악마의 목구멍^{Garganta del Diablo}이다. 브라질 쪽에서는 악마의 목구멍을 아래에서 마주했다면 아르헨티나에서는

폭포와 숲 사이에 놓인 트레일을 따라 걷거나 기차를 타고 올라가 악마의 목구멍 위에서 발아래로 떨어지는 물줄기를 감상할 수 있다. 더욱이 아르헨티나 쪽은 걷는 코스가 여럿 있어 시간과 체력을 고려해 선택하는 재미가 있다. 우리는 아이들이 어린 탓에 기차를 타고 오르기로 했다.

플랫폼으로 열차가 들어왔다. 열차라고는 하지만 작고 허름했다. 나무판자로 만든 의자에 앉자 이내 출발했다. 열차는 느리게 달렸다. 때 묻지 않은 상쾌한 공기가 바람에 실려 들어왔다. 열차 밖에는 날 것 그대로의 모습을 가진 무성한 숲이 있었다. 사람의 손이 닿지 않아 더 아름다운 남미의 자연. 말이 필요 없었다.

센트럴 역에서 출발해 까따라따스 역에서 다시 두 번째 열차를 타고 마지막 정거장인 악마의 목구멍 역에서 내렸다. 이제부터는 이과수 강 위에 놓인 철제 다리를 따라 걸어야 한다. 이과수 강은 곧 엄청난 폭포가 나타날 것이라고 상상할 수 없을 정도로 잔잔하게 흐르고 있었다. 어쩌면 그래서 이곳의 이름이 악마의 목구멍이 된 것은 아닐까. 모든 것을 집어삼킬 것 같은 거대한 폭포지만 가까이 가기 전까지는 전혀 알 수 없으니. 천천히 다리를 걷다보니 희미하게 들려오던 폭포 소리가 점점 더 커지는 것이 느껴졌다. 아이들에게 우비를 입히고 한

명씩 앉았다. 엄청난 수량으로 유명한 만큼 굉음을 내는 폭포 가까이에서 아이들이 놀랄지는 않을까 염려가 된 탓이다.

드디어 아르헨티나 국기가 보이고 차마 말로는 설명할 수 없을 만큼 거대한 폭포가 눈앞에 나타났다. 발밑은 곧장 절벽이었다. 이과수 강은 악마의 목구멍에서 거대한 물줄기가 되어 땅으로 곤두박질쳤다. 어른 몇 명쯤은 순식간에 휩쓸고 갈 정도로 위협적이었다. 이제까지 본 적 없던 장면에 온몸이 그대로 얼어붙었다.

놀라운 광경에 말을 잃고 한참을 들여다보았다. 그러자 신기하게도 내 삶을 집어삼킬 것 같은 큰 고민도, 떨쳐내기 쉽지 않았던 작은 고민도 지금, 흐르는 물과 함께 모두 사라지는 것 같았다. 그게 뭐 대수인가. 저 높은 곳에서 바라

본다면 나는 고작 점 하나에 지나지 않을 텐데. 수백 년을 하염없이 흘러온 이 과수 폭포 앞에 내 삶은 그저 잠깐의 순간에 지나지 않을 텐데. 고민하고 걱정하느라 시간을 버리기보다 지금의 순간에 감사하며 즐기는 것이 현명하겠다는 생각이 들었다.

그러자 비로소 왜 그토록 많은 사람들이 이과수 폭포를 최고라 부르는지 알 수 있었다. 압도적인 경치뿐만이 아니다. 이과수 폭포, 그 앞에 서면 인생의 의미와 가치를 새삼 깨닫게 된다. 한국에서 지구 반대편 브라질까지, 그리고 여기 아르헨티나까지 찾아온 것이 조금도 후회되지 않는 순간이었다.

아르헨티나 이과수 국립공원에서 있었던 일이다. 공원에서 한 무리의 아이들과 마주치게 되었다. 한 번도 본 적 없는 외모의 아이들이었다. 그 옆에 걸린 스페인어 현수막이 눈에 들어왔다.

El Parque Nacional Iguazú Contribuye y apoya la Cultura Guaraní.
이과수 국립공원은 과라니 문화를 보존하는데 공헌합니다.

아, 저 아이들이 과라니 Guarani 족의 후손들이구나. 비로소 이해가 되었다. 왜 그 아이들이 낯설게 느껴졌는지. 과라니족은 브라질 남부와 아르헨티나, 파라과이 일대에 거주하였던 인디오다. 16세기에만 해도 약 50만 명이상 존재했지만 에스파냐의 식민지가 된 후, 대부분 혼혈을 이루게 되어 현재 순수한 과라니 인디오는 얼마 남아 있지 않다고 한다.

과라니족은 1986년에 개봉한 롤랑 조페 감독의 영화 '미션 The Mission'에 등장한 남미 원주민으로도 유명하다. 넬라 판타지아의 원곡인 엔니오 모리꼬네의 '가브리엘의 오보에 Gabriel's Oboe'로 더 유명한 이 영화는 실제 남미 대륙에서 있었던 과라니족과 선교사들의 이야기를 담았다. 촬영 역시 과라니족이 거주했던 이과수 폭포 일대에서 이루어졌다고 한다. 지금도 브라질의 히우그란지두술 주와 아르헨티나의 미시오네스 주에는 과라니족의 예수회 선교단 유적이 남아있다.

16세기, 브라질을 처음 발견한 포르투갈은 신대륙에서의 영토 확장을 위해 경비대를 파견하고 내륙 탐험을 시작했다. 그들은 다른 어떤 열강들보다도 먼저 미지의 세계에 침투해 자국의 깃발을 꽂고 돈이 될 자원을 발견하는데 혈안이 되어 있었다. 그 과정에서 많은 인디오들이 죽거나 노예로 팔려나갔다. 유럽인들이 가져온 전염병도 수많은 인디오들의 목숨을 앗아

갔다. 얼마 남지 않은 인디오 원주민들은 포르투갈 군대를 피해 점점 더 깊은 내륙의 오지로 숨어 버렸다. 누군가에게는 탐험이었겠지만 또 다른 이들에게는 침략이었을 이 땅의 슬픈 역사다.

현재 브라질의 인디오는 전체 인구의 약 0.4% 정도만 남아있는데 그마저도 인구 밀도가 낮은 북부 지역에 소수 부족을 중심으로 흩어져 있다고 한다. 브라질 정부는 인디오들을 보호하기 위해 국립인디오재단FUNAI을 설립해 이들을 관리 및 지원하고 있다. 정기적으로 의료진이 방문해 진찰하고, 소수 부족들의 문화를 보호하기 위해 노력한다. 인디오들 역시 자신들의 문화와 역사에 자긍심을 가지고, 지켜내기 위해 애쓰고 있다. 실제 인디오 부족들 중에는 포르투갈어를 구사할 수 있음에도 불구하고 외부인들과 대면할 때 부족의 언어로만 의사소통을 하는 이들도 있다고 한다. 자신의 뿌리에 대한 자부심이자 지켜내겠다는 의지의 표현일 것이다.

포르투갈 왕실의 명을 받은 카브랄이 브라질을 발견했던 1500년 이전에도 이미 존재하였던 나라, 브라질. 그 땅의 주인이었던 인디오들은 이제 브라질에 얼마 남지 않았다. 하지만 자신의 문화에 자긍심을 가지고 지켜내려는 이들이 존재하는 한, 인디오의 숨결은 영원히 사라지지 않을 것이다.

고기를 사랑한다면
브라질로

　브라질을 대표하는 여행지가 이과수 폭포라면 브라질의 대표 음식은 바로 슈하스코로 구운 삐까냐^{Picanha}다. 브라질에 대해 잘 알지 못했을 때는 얼마나 브라질 음식이 맛이 없으면 구운 소고기가 대표 요리일까 하는 생각을 했다. 고기가 맛이 없기란 쉽지 않으니 말이다. 게다가 특별한 시즈닝이나 소스가 있는 것도 아니고, 그저 등심에 소금으로 간을 해 숯불에 구운 것이 전부라니. 하지만 그것은 삐까냐를 맛보지 않았을 때의 짐작일 뿐이었다.

　브라질 사람들이 제일 사랑하는 삐까냐는 한우 등심과 비슷한 소고기 부위다. 소고기 절단 방법이 우리와 달라 정확하게 일치하지 않지만 고소한 등심의 맛은 대체로 비슷하다. 대신 삐까냐는 두껍게 썰어 구워 한우 등심과 달리 씹는 식감이 살아있고, 살코기에 고소한 기름이 길게 붙어 있어 씹을 때마다 고소함이 배가되는 아주 맛있는 부위다. 처음에는 스테이크로 주문한 삐까냐에 투명한 기름이 두껍게 붙어있는 것에 놀라 모조리 떼어내고 살코기만 먹기도 했다. 하지만 삐까냐를 먹을수록 살코기와 약간의 기름 부위를 함께 먹을 때 비로소 완벽한 맛의 균형을 즐길 수 있다는 사실을 알게 되었다. 흔한 소스 하나 없이 그저 소금만 뿌렸을 뿐인데 언제 먹어도 멈출 수 없는 삐까냐. 먹을 때마다 늘 맛있다는 사실에 그저 놀랄 뿐이다.

특히 삐까냐는 브라질의 바베큐, 슈하스코Churrasco로 먹을 때 더욱 맛있다. 슈하스코는 먼 옛날 소를 치던 목동들이 기다란 쇠 꼬치에 고기를 끼워 구워 먹던 것에서 유래했다고 한다. 기름이 쏙 빠지고 숯의 향이 은은하게 배어 맛과 향이 아주 일품이다. 온 가족이 둘러앉은 식사 자리에도 어울리고, 친구들을 초대한 파티에도 빠질 수 없다. 그래서 브라질에는 집집마다 숯불에 고기를 구울 수 있도록 화덕이 있다. 주택은 정원에, 여러 세대가 모여 사는 아파트에는 베란다에 잊지 않고 화덕을 만든다.

고기의 각 부위를 구워 손님들에게 서빙하는 전문 식당인 슈하스까리아Churrascaria도 많다. 브라질의 슈하스까리아에서는 기다란 쇠 꼬치에 고기를 부위별로 꽂아 숯불에 구운 뒤, 손님들이 앉은 테이블을 다니며 조금씩 잘라준다. 직원이 가져온 부위를 먹고 싶다면 '싱Sim', 먹고 싶지 않다면 '넝, 오브리가두Não, obrigado'라고 정중하게 거절하면 된다. 잠시 쉬고 싶을 때는 테이블 위에 있는 메시지 카드를 'Não(아니요)'으로 돌려놓는다. 이곳에서는 직원들이 추천해주는 여러 부위의 고기, 이를테면 소고기 안심, 등심, 목살, 돼지고기, 양고기, 닭고기, 닭의 심장 등을 다양하게 맛볼 수 있다. 조금씩 시도하다보면 누구나 사랑하는 삐까냐 뿐 아니라 내 입맛에 딱 맞는 부위도 발견할 수 있다.

브라질의 소고기는 세계에서 알아줄 정도로 맛과 품질이 뛰어나고 돼지고기, 닭고기, 양고기 등 육류도 대체로 저렴하면서 맛이 좋다. 오죽하면 브라질에서 사는 동안 고기란 고기는 실컷 먹어야겠다는 생각뿐이었다. 한번은 다진 소고기가 필요해 품질 좋은 고기를 판다는 정육점에 찾아가 소고기 안심을 갈아달라고 했다. 가격대가 있는 부위를 갈아달라는 요청에 직원들 모두 깜짝 놀랐다. 하지만 한국에서 이제 막 브라질에 왔던 내게는 안심조차도 저렴해 보였다.

그러니 브라질 여행을 하며 제일 맛있는 브라질 음식을 먹어보고 싶다면 주저하지 말고 고기를 먹어야 한다. 슈하스까리아에 가거나 삐까냐 스테이크를 주문해 두툼하게 썰어 입에 넣어야 한다. 짭짤하게 튀긴 옥수수 가루 파로파 Farofa와 토마토, 양파를 식초에 상큼하게 절인 비나그레치Vinagrete와 함께. 분명 육즙이 폭발하는 삐까냐의 맛에 반하고 말 것이다.

다시 가슴 뛰고 싶다면 브라질

음식 값은
무게로 계산하세요

브라질에는 다양한 식당이 있다. 우리가 생각하는 일반적인 방식처럼 메뉴에서 원하는 음식을 단품으로 골라 주문하는 알라까르치^{A la Carte}가 있고, 1인당 정해진 금액을 내면 차려진 음식을 원하는 대로 먹을 수 있는 뷔페가 있다. 그중에는 웨이터가 여러 음식을 테이블에 가져다주는 호지지우^{Rodizio}도 있는데 브라질 바베큐 식당인 슈하스까리아가 대표적이다. 요즘은 일식이나 피자, 이탈리아 음식을 호지지우로 제공하는 식당도 많다. 반면 뷔페로 차려진 다양한 음식 중에 자신이 원하는 음식만을 접시에 골라 담고 무게로 금액을 지불하는 뽀르낄로^{Por Kilo}도 있다. 무게당 금액이 정해져 있어 자신이 먹고 싶은 음식을 먹고 싶은 만큼만 덜어 값을 지불한다.

뽀르낄로 식당에는 샐러드부터 쌀밥, 고기, 생선, 초밥, 파스타, 피자, 과일, 디저트 등 다양한 음식이 준비되어 있다. 간단한 음식 몇 가지만 있는 곳도 있지만 대부분 애피타이저에서부터 메인요리, 디저트까지 고루 준비되어 있다. 즉석에서 슈하스코로 고기를 구워주거나 화덕피자를 구워주는 식당들도 많다. 어떻게 고기와 야채를 그저 무게만으로 계산할 수 있을까. 브라질에 처음 와본 여행자들 중에는 브라질 사람들이 게으르고 복잡한 것을 싫어해서 이런 식당이 생겼다고 추측하는 사람도 있었다. 하지만 난 원하는 만큼만 값을 지불하고 먹을 수 있어 합리적이라고 느꼈다. 무엇보다 이런 방식이 가능할 수 있다는 것

에 깜짝 놀랐다. 식재료마다 원가 차이가 크다면 종류와 상관없이 동일하게 무게로 계산하는 일을 상상할 수 없을 테니 말이다.

반면 식재료를 제외한 브라질의 전반적인 물가는 세계 다른 나라들에 비해 비교적 높은 편이다. 특히 공산품의 경우 대부분 수입에 의존하고 있어 가격이 비싸다. 물론 자국에서 생산하는 것들은 저렴하지만 품질이 현저히 떨어지는 경우가 많다. 그러다보니 서민층은 저렴한 물건을, 상류층은 고가의 수입품을 사용하는 실정이다. 브라질에는 한 달 월급이 채 60만 원도 되지 않는 사람도 있고, 경비가 삼엄한 대저택에 살며 개인 요트나 경비행기를 가진 사람도 있다. 2700%에 달하는 초인플레이션과 외환위기를 겪으며 빈부 격차가 더욱 극심해진 탓이다.

그럼에도 불구하고 브라질 사회는 안정적으로 유지되어 왔다. 매년 상승하는 물가와 최악의 경제난에도 다행스럽게 먹고사는 것은 가능했기 때문이 아닐까. 브라질인 특유의 낙천적인 성격뿐 아니라 먹는 문제에서 자유로울 수 있었기 때문에 브라질 사회는 극심한 인플레이션에도 무너지지 않았을지도 모른다. 어디에서든 먹고사는 문제는 사람들의 행복 지수에서부터 사회의 유지와 발전에 이르기까지 폭넓게 영향을 끼친다. 그릇에 담은 음식을 저울에 올려놓으며, 브라질 경제와 사회를 생각해본다.

브라질에는 특별한 탄산음료가 있다. 이름은 'Guaraná(과라나)'. 얼음을 채운 잔에 얇게 썬 오렌지 한 조각을 넣고 따라 마시면 과일 맛 같기도 하고, 자양강장제 같기도 하다. 달콤하고 청량한 맛이 좋아 마시다보면 어느 순간 잊을 수 없게 된다.

과라나는 브라질 아마존 일대에서 자라는 식물로, 그 이름은 투피-과라니어로 '인간의 눈처럼 생긴 과일'을 뜻한다. 하얀 과육과 동그랗고 까만 씨앗이 사람의 눈처럼 보이기 때문이다. 달달한 과라나 열매는 단맛을 보충하는 천연 재료로, 카페인 함량이 높은 과라나 씨앗은 각성제로 사용된다. 그 외에도 비타민, 칼슘, 마그네슘 등을 함유해 약재나 자양강장제로도 만든다.

아마존에서 나는 또 다른 슈퍼푸드는 아사이베리다. 브라질 포르투갈어로는 아싸이 Açai라 부른다. 검은색에 가까울 정도로 짙은 보랏빛을 가진 야자나무 열매로 아마존에서 오로지 두 발을 끈으로 묶고 맨몸으로 올라가 채취하는 자연의 산물이다.

아사이베리에 풍부하게 들어있는 항산화 성분과 영양분을 그대로 섭취하기 위해 동결건조한 가루나 건강보조식품으로도 먹지만 사실 브라질에서는 맛 좋은 디저트로 간편하게 즐긴다. 스무디 아이스크림으로 만들고, 열대과일이나 견과류를 얹어 달콤하게 먹는다. 아사이베리는 브라질 어디에서나 만날 수 있는 건강하고 맛있는 음식이다.

"엄마, 아마존이 소 때문에 없어지고 있대."

아마존^{Amazon}이 위험하다. '지구의 허파'라는 별명처럼 풍성한 삼림을 자랑하였던 아마존이 위기에 처했다. 개발이냐, 보존이냐. 브라질은 그 기로에서 있다.

아마존은 이미 19세기부터 고무 산업의 부흥으로 도로가 뚫리고 산업화가 시작되었다. 고무 산업이 쇠퇴한 이후에 농장주들은 나무를 베어내고 초지로 만들어 소를 키우기 시작했고, 가축의 사료로 쓰일 작물을 재배했다. 브라질 사람뿐만 아니라 전 세계인이 사랑하는 소고기를 얻기 위해 아마존에서는 지금도 벌목이 진행된다. 나일 강과 함께 세계에서 가장 긴 아마존 강, 그 유역에서 서식하는 다양한 동식물, 그리고 수천 년 전부터 이곳이 삶의 터전이었던 원주민까지. 아마존을 중심으로 살아왔던 생명체들이 모두 위기에 처했다. 이것은 비단 아마존만의 문제가 아니다.

너무 넓어서 미처 개발되지 못한 야생의 땅이 많은 브라질. 특히 원시 상태의 환경을 그대로 보존한 곳이 있다. 건기와 우기가 지나는 동안 물에 잠겼다 드러났다를 반복하며 자연의 시간표대로 살아가는 곳. 판타나우^{Pantanal} 습지다.

브라질 중서부 지역 파라과이 강 일대에 있는 판타나우는 약 15만km²의

광대한 규모의 습지다. 매년 우기가 되면 약 80%가 물에 잠기는데 강물이 범람하는 과정에서 땅을 비옥하게 하는 물질들이 퇴적되어 많은 생물에게 영양분을 제공한다. 건기에는 범람했던 강물이 빠지며 크고 작은 물웅덩이가 생기는데 자연적으로 형성된 어장에서 브라질의 악어들은 배를 채운다. 그저 입만 벌리고 있어도 잡히는 물고기들로 배가 뚱뚱해진 악어들을 만날 수 있는 시기가 바로 이때다.

판타나우 습지는 자정작용을 통해 스스로 건강함을 유지해간다. 덕분에 이곳에는 남미의 상위 포식자인 재규어부터 악어, 수달, 황새, 마코앵무, 개미핥기에 이르기까지 수많은 동식물과 멸종위기에 처한 생물들이 한데 어울려 살아간다. 대부분이 사유지임에도 불구하고 우기에는 물에

잠겨 사람의 접근이 어려웠던 덕분이다. 그 결과 2000년에는 아마존 보존지역과 함께 유네스코 세계유산으로 등재되었다. 하지만 최근 이곳도 거센 개발의 압력을 이기지 못하고 점차 농경지로 변화해가는 추세다. 야생 밀렵이 여전히 자행되고 있으며, 농장에서 흘러들어온 오염 물질이 수질 오염을 가속화하고 있다. 브라질은 지금 풀기 어려운 숙제와 마주하고 있다.

2

Salvador

살바도르

아프리카와 만나다

진짜 브라질을
알고 싶다면

브라질 여행자들이 제일 가보고 싶은 곳은 단연 이과수 폭포와 히우지자네이루다. 그 두 곳을 보고 나면 으레 히우나 상파울루에서 출국한다. 하지만 진짜 브라질에 대해 알고 싶다면 꼭 들러봐야 하는 곳이 살바도르*다.

살바도르는 브라질 북동부 바이아 주의 주도이자 1549~1763년까지 브라질의 첫 번째 수도였다. 포르투갈의 식민 지배가 시작되고, 사탕수수 및 담배의 경작과 금, 다이아몬드의 채굴로 부유했던 16~18세기 브라질의 중심이었다. 넘치는 자본은 도시를 황금으로 뒤덮이게 했고, 르네상스와 바로크 양식의 건물들이 가득 들어섰다. 이러한 가치를 인정받아 1985년 살바도르 역사지구 Centro Histórico de Salvador da Bahia는 유네스코 세계유산으로 등재되었다.

또 살바도르는 사탕수수 경작을 위해 아프리카 흑인 노예들이 최초로 유입된 곳이다. 그들은 비록 지배를 받는 계급이었지만 종교에서부터 축제, 언어, 음식에 이르기까지 브라질 역사와 문화에 큰 영향을 주었다. 아프리카, 유럽, 남미 인디오의 문화가 융합된 브라질의 문화가 이곳에서 시작되었다고 해도

* 사우바도르

과언이 아니다. 그 시작을 찾아 우리는 살바도르로 향했다.

살바도르로 떠난 9월 첫째 주, 상파울루는 여전히 추위가 가시지 않았다. 브라질은 열대의 나라일 것이라 생각했는데 막상 와보니 그렇지 않다. 상파울루처럼 남동부에 있는 지역은 사계절이 엄연히 존재하고 겨울에는 한국의 늦가을이나 초겨울처럼 제법 춥다. 반면 적도를 향해 올라가면 따뜻한 겨울을 보낸다. 살바도르 역시 북동부 지역이어서 같은 9월이지만 상파울루와 달리 여름 날씨였다. 그래서 겨울옷을 입고, 캐리어에는 여름옷을 챙겼다.

상파울루에서 비행기에 탑승한지 2시간 반 만에 살바도르에 도착했다. 공항에 내리자마자 패딩을 벗어 가방에 넣고 티셔츠의 팔을 접어 올렸다. 고작 3시간 만에 겨울에서 여름이 되다니. 하긴 지역별로 서로 다른 시차를 사용할 정도

이니 몇 해를 살아보아도 브라질은 여전히 가늠이 안 되는 넓은 나라다.

  렌터카를 타고 살바도르 공항을 빠져나가는데 길 좌우에 서 있는 대나무가 휘어지며 머리 위로 초록 그늘을 드리웠다.

  "여기 멋있지? 살바도르에 8번이나 왔는데 올 때마다 좋더라."

  출장으로 살바도르에 이미 와본 적이 있는 남편이지만 그에게도 여행은 오늘이 처음이었다. 그리고 우리는 지금 막 초록빛 터널을 지나 특별한 여행을 함께 시작했다. 파란 하늘, 알록달록하게 채색되었으나 빛바랜 집들, 길을 걷는 검은 피부의 사람들, 키 큰 야자나무, 푸른 대서양 바다. 우리는 살바도르에 왔다.

살바도르에서는 브라질 북부의 전통요리인 아까라제와 모께까를 맛볼 수 있다. 아까라제^{Acarajé}는 껍질 벗긴 콩으로 만든 반죽을 덴데유에 튀겨낸 후 반으로 갈라 익힌 새우, 콩과 야채를 갈아 만든 까루루^{Caruru}를 넣어 먹는다.

모께까^{Moqueca}는 해산물을 넣고 자작하게 끓인 브라질의 전통 요리로 브라질 어디에서나 쉽게 접할 수 있는 대중음식이다. 주재료는 생선살과 새우, 오징어 등 해산물로 여기에 양파, 마늘, 피망, 고수가 들어가고, 토마토와 코코넛 밀크, 덴데유를 넣어 끓인다. 부드럽고 상큼하며 고소하

다. 모께까는 옥수수 가루나 만지오카 가루로 만든 파로파^{Farofa}, 생선을 갈아 걸죽하게 끓인 삐랑^{Pirão}, 쌀밥과 함께 먹는다.

살바도르 지역에 많이 쓰이는 덴데유^{Azeite de dendê}는 야자나무 열매에서 추출한 식물성 기름이다. 아프리카 고유의 식재료로 아프리카 흑인 노예가 들어온 브라질 북동부 바이아 지역 요리에 널리 쓰인다. 이렇듯 브라질 음식은 어느 것 하나 브라질 역사와 관련되지 않은 것이 없고, 같은 요리에도 지역색이 반영된다. 장대한 시간이 만들어낸 맛있는 음식 덕분에 브라질을 배워간다.

황금 성당에
내리는 비

아까라제와 모께까로 첫 식사를 마치고 우리는 역사지구와 가까운 센트로의 호텔에 짐을 풀었다. 그리고 다음 날 아침, 곧장 살바도르 역사지구로 향했다. 그곳에서 우리가 처음 마주한 것은 돌을 깔아 만든 울퉁불퉁한 도로, 포르투갈의 양식을 따라 지었으나 알록달록한 칠이 벗겨진 집들이었다. 놀랍게도 이 도시의 시간은 멈춰있었다.

16세기, 브라질을 식민지로 삼은 포르투갈은 이 땅에 사탕수수를 심었다. 비옥한 토양 위에 브라질은 세계 최대 사탕수수 재배지가 되었고, 넘치는 부는 도시를 화려하게 치장했다. 수 세기가 흘렀음에도 과거의 영광이 수놓인 건물들은 고스란히 남았다. 그중 최고는 여행자들 사이에 일명 '황금 성당'이라 불리는 성 프란시스코 성당과 수도원Igreja e Convento de São Francisco이다.

살바도르 역사지구에 도착하자마자 성 프란시스코 성당으로 향했다. 아침부터 내리던 비가 잠시 주춤한 사이 성당 안으로 들어갔다. 말로만 듣던 황금 성당의 화려한 모습에 감탄이 터져 나왔다. 성 프란시스코 성당과 수도원은 1587년 최초로 건축이 시작되어 1713년에 첫 예배를 드릴 수 있었다고 하니 무려 300년이 넘는 역사를 가진 곳이다.

바로크 양식으로 건축되어 화려한 장식과 기교를 뽐내는 성당은 벽면과 기둥마다 800kg에 달하는 금으로 장식한 조각들이 빼곡히 채워져 있었다. 중앙에는 80kg이 넘는 은으로 만들어진 샹들리에가 달려 있었다. 눈이 부시도록 아름답고 화려했다. 가장 낮은 자리에서 낮은 자의 모습으로 살았던 예수의 인생과는 사뭇 다른 호화로운 모습에 불편한 마음마저 들었지만 그렇다고 해서 이곳이 가진 아름다움이 퇴색되지는 않았다. 조각들은 부족함이 없을 정도로 섬세했고, 금빛으로 빛났다. 차고 넘칠 정도로 장식적인 바로크 예술의 유산과 16~18세기 살바도르의 풍요가 이곳에 그대로 남아있다.

　눈부시게 아름다운 금빛 예배당을 지나 수도원으로 들어갔다. 천장에는 아름다운 그림이 그려져 있고, 벽면도 그림과 푸른 타일로 장식되어 있었다. 한쪽에는 당시에 입었던 옷과 사용했던 물건들이 전시되어 있었는데 화려한 예배당과는 다르게 검소한 모습이었다. 예배당과 수도자들의 공간을 지나 뜰로 나

오자 잠시 멈추었던 비가 다시 내리기 시작했다. 걸을 생각으로 역사지구 초입에 주차를 하고 걸어왔으니 내리는 비가 반가울 리 없었다. 하지만 이상하게도 싫지 않았다. 오히려 화려하게 빛나는 만큼 누군가의 눈물도 함께 고였을 이 도시와 잘 어울린다는 느낌마저 들었다. 그런 생각 때문인지, 내리는 비 때문인지 수도원 뜰 안이 고요해졌다. 나도, 아이들도, 낯선 모습의 여행자들까지도 모두.

"엄마, 여기 이 그림 좀 봐."

뜰에는 벽을 따라 회랑이 있어 비를 피할 수 있었다. 벽면에는 파란 물감으로 그려진 하얀 타일이 가득했다. 이 도시가 화려하게 빛나던 시절, 포르투갈에서 수입해온 타일이었다. 타일 속 그림들은 저마다 속절없이 흘러가는 시간, 갑자기 찾아온 죽음, 끝없는 질투, 부의 허무함 등 인생사의 덧없음을 보여주고 있었다. 어쩌면 그때나 지금이나 인생의 본질은 크게 다르지 않은지도 모른다. 인간에게 드리워진 삶의 고민이 여전한 것을 보면 말이다.

　아이들과 수도원 벽면에 그려진 그림의 의미를 읽는 사이, 비가 개었다. 하늘을 뒤덮었던 먹구름은 물러갔고, 공기는 촉촉한 습기를 머금었다. 금빛으로 빛나는 예배당과 아름다운 회화 작품들이 가득한 수도원에도 젖은 공기가 채워졌다. 싫지 않은 비 냄새가 흘렀다. 애잔한 마음이 들었다. 왜일까. 탄성이 터질 만큼 아름다운 황금 성당의 뜰 안에서 슬픈 감정이라니. 이유도 모른 채 성당을 나섰다. 살바도르의 길 위에 섰다.

펠로우리뇨(형틀)
광장

"사진 같이 찍을래요?"

까만 피부의 여인이 다가와 말을 걸었다. 샛노란 드레스, 머릿수건, 드레스 곳곳에 달린 레이스와 굵은 목걸이. 바이아 지역의 전통 옷차림이었다. 몸매가 드러나지 않도록 부풀린 치마에 레이스 장식을 달고 머릿수건을 쓰는 바이아 여인들의 전통 복장은 아프리카 흑인 노예들이 유입되었던 당시부터 지금까지 바이아 여인들, 즉 바이아나스^{Bahianas}의 상징이다.

"한 사람당 5헤알^{real}씩인데 아이들까지 네 명이니까 20헤알(약 6,000원) 주세요."

경험이 없으니 이 가격이 적당한지 알 턱이 있나. 동양인은 길에서 만나기 어려운 브라질이니 약간의 바가지는 씌웠을지도 모르겠다는 생각이 들었다. 하지만 이렇게 습하고 더운 날씨에 겹겹의 드레스를 입고 연신 부채질을 하고 있는 두 여인이 고생스러워 보여 그냥 그러겠노라 대답했다. 초스피드로 계약이 성사되자 그녀들은 브라질 사람 특유의 수다스러움으로 친근하게 말을 건넸다. 어느 나라 사람이냐, 너희들은 왜 브라질에서 사느냐, 아이들은 몇 살이냐, 이름이 무엇이냐 등등. 그런 질문 세례가 이미 익숙한 우리라서 웃으며 답

해주고 함께 사진을 찍었다.

그녀들과 헤어지고 우리는 길을 따라 걸었다. 걷는 골목마다 강한 색감으로 칠해놓은 집들이 가득해서 눈을 뗄 수 없었다. 두 아이는 아빠 손을 잡고 울퉁불퉁한 길을 걸었고, 카메라를 든 나는 뒤따라 걸으며 거리의 풍경을 찍느라 정신이 없었다. 어디를 보아도, 무엇을 찍어도 그림 같았다. 200년이 넘는 긴 시간동안 포르투갈의 식민 수도였기에 르네상스, 바로크, 로코코 등 때마다 유행하던 유럽의 양식을 그대로 이식한 살바도르. 하지만 유럽과 비슷하면서도 전혀 같지 않고, 우리에게는 그저 낯설기만 한 모습이었다. 아마도 남미 인디오, 유럽, 아프리카의 정서가 한데 섞여 그러했으리라. 왜 그토록 살바도르에 다녀온 사람들이 도시의 매력을 말했는지 알 수 있었다.

천천히 걸으며 거리를 구경한다고 했지만 사실 목적지는 있었다. 펠로우리뇨Pelourinho, 살바도르 여행기마다 항상 메인 사진으로 꼽히는 곳이다. 살바도르 역사지구에는 좁은 골목이 여럿 있는데 지도를 보며 걷다 보면 여러 개의 골목

다시 가슴 뛰고 싶다면 브라질

이 만나는 삼각형의 광장이 나타난다. 비스듬하게 경사진 언덕으로 되어 있어서 펠로우리뇨 광장 한복판에 서면 골목마다 즐비한 집들과 성당이 한눈에 들어온다. 아름답게 채색된 집들과 유서 깊은 성당이 함께 자리하니 아름다울 수밖에. 이미 사진으로 숱하게 보았던 그곳에 서자 꿈을 꾸듯 풍경에 취했다.

하지만 역사 속의 펠로우리뇨는 그리 아름답지 않은 곳이다. '형틀'이라는 이름의 뜻처럼 과거 흑인 노예들을 벌하던 장소였다. 주인의 말을 듣지 않는 노예들이 이곳에서 공개적으로 비난을 받았다고 한다. 같은 인간으로 태어났음에도 불구하고 바다 건너 낯선 대륙까지 거래되고, 농장 주인을 위해 고된 노동에 시달렸을 흑인 노예들의 삶이 자꾸만 그려져 마음이 아렸다.

살바도르의 역사를 알고 나면 이런 감정이 드는 게 자연스러운 걸까. 마이클잭슨은 이곳에서 뮤직비디오 한 편을 찍었다. 1996년에 발표한 'They don't care about us'라는 곡이다. 그는 이 곡에서 사회에 팽배한 인종 차별과 불합리한 현실을 노래했다. 억압받는 흑인과 그들의 고된 삶은 브라질에서도 다르지 않았다. 그 중심에 살바도르가 있다. 흑인들의 피와 땀에 기대어 농장주는 부유해졌고, 도시는 화려하게 번성했다. 살바도르의 번영에 그들의 아픔이 서렸고, 아픔을 리듬으로 달랬다. 그렇게 이곳에서 삼바가 만들어졌고, 훗날 카니발이 완성되었다.

어쩌면 마이클잭슨은 이미 알았을지도 모른다. 슬프지만 외롭지 않은, 암울하지만 어둡지 않은 살바도르의 흑인들이 그려내는 문화를. 그것이 가진 놀라운 힘과 가치를. 어쩌면 그는 이미 알았을지도 모른다.

다시 가슴 뛰고 싶다면 브라질

커다란 항아리 안에 까만 콩물이 담겨 있다. 푹 삶은 검은 콩에 돼지 꼬리, 귀, 혀, 발 같은 부위와 소시지를 넣고 오랫동안 끓여낸 음식. 맛을 느끼기도 전에 가슴이 아려오는 페이조아다 Feijoada 다. 먼 옛날, 흑인 노예들은 주인이 먹지 않고 버리는 부위를 모아 검은 콩과 함께 끓여냈다. 버려

질 것들이었지만 놀랍게도 맛 좋은 음식이 되었다. 페이조아다는 종일 노동에 시달렸던 그들에게 영양을 섭취할 수 있는 훌륭한 음식이 되었다.

이제 페이조아다는 브라질을 대표하는 전통 요리가 되어 수요일과 토요일 점심이면 식탁에 올라온다. 브라질 가정식 뷔페의 기본 메뉴가 되었다. 우리의 된장찌개처럼 흔하지만 고급 음식점의 메인 메뉴로도 손색없는 음식이다. 전과 다르게 맛좋은 살코기와 소시지가 더 많이 들어간다. 그러나 여전히 검은 콩과 돼지 부속으로 만든다. 흑인 노예들이 만들었던 것처럼.

그들은 몰랐을 것이다. 삶의 무게를 견디며 눈물과 함께 먹었던 페이조아다가 이렇게 사랑받는 음식이 될 것이라고는. 볼품없는 재료들이 뜨거운 불 위에서 훌륭한 페이조아다로 완성된 것처럼 물건처럼 사고 팔리던 흑인 노예들의 음식과 문화 또한 긴 역사를 견디어 내며 다채로운 브라질 문화의 일부가 되었다. 슬프지만 더 이상 슬프지 않다. 페이조아다가 그렇다. 그들의 삶 또한 그렇다.

비극과 축복의
역사

살바도르 역사지구에는 독특한 엘리베이터가 있다. 1873년, 남미 최초로 지어진 라세르다 엘리베이터Elevador Lacerda다. 살바도르는 저지대와 고지대로 나누어지는 독특한 지형으로 되어 있어 두 곳을 연결하기 위해 엘리베이터가 설치되었다. 우리도 엘리베이터를 타기 위해 찾아갔지만 이런! 수리 중이었다. 아쉽지만 어쩔 수 없었다. 대신 라세르다 난간에서 아래의 저지대를 바라보았다. 짙고 푸른 대서양이 넓게 펼쳐져 있고, 항구에는 흑인 노예들이 거래되었다는 모델루 시장이 있었다. 지금이야 작은 배 몇 개가 바다에 떠 있지만 몇 세기 전에는 수백 명의 흑인 노예를 태운 커다란 배가 이 항구를 드나들었겠지. 이 도시에서는 이렇게 저마다의 이야기를 만날 수 있다.

엘리베이터 대신 차를 타고 저지대의 모델루 시장Mercado Modelo으로 이동했다. 지금은 기념품을 판매하는 시장이 되었지만 이곳이 처음 만들어지게 된 것은 오로지 노예 때문이었다. 바이아와 페르남부쿠Pernambuco 등 브라질 북동부 해안지대는 사탕수수를 키우기에 적합한 환경이었고 포르투갈은 당시 유럽에서 활발히 거래되던 설탕을 얻기 위해 이곳에 사탕수수 농장을 만들기 시작했다. 생산량의 증가는 노동력 부족으로 이어져 아프리카 흑인들을 노예로 받아들이게 되었다. 당시 유럽에서는 아프리카 흑인을 노예로 사고파는 것이 흔한 일이었다.

다시 가슴 뛰고 싶다면 브라질

안으로 들어가자 온갖 종류의 브라질 기념품이 있었다. 우리도 아이들과 구경하는데 아프리카 민속 악기를 두드리는 소리에 마음이 동해 결국 북과 바이아나스 여인 조각, 자석을 골라 구입했다. 다양한 기념품이 있는 모델루 시장은 여행자에게 둘러보는 재미를 주기에 충분했다.

모델루 시장에서 나오자 탁 트인 바다가 우리를 반겼다. 바다는 저 멀리 아프리카에서부터 신대륙까지 얼마나 많은 이들을 실어 나르고, 이 땅이 포르투갈로부터 독립하기까지 겪어야 했던 일들을 얼마나 많이 지켜보았을까. 물건처럼 브라질에 팔려 온 아프리카 흑인 노예들은 사탕수수 농장에서 혹독하게 일했다. 고된 삶을 견디지 못하고 도망갔다 잡히기라도 하면 채찍으로 내리치는 벌과 죽음만이 기다리고 있었다. 이들이 짊어진 가혹한 노동은 농장주의 배를 불렸고, 브라질을 식민지로 삼은 포르투갈을 부유하게 했다. 비극이 아닐 수 없다.

하지만 세상 모든 일에 완전한 슬픔은 없다고 했던가. 비극으로 끝날 것 같았던 흑인 노예들의 삶은 브라질의 문화를 보다 풍성하게 바꾸어 놓았다. 그들의 언어에 영향을 받아 포르투갈어는 부드러워졌고, 마쿰바Macumba와 칸돔블레Candomblé 같은 종교 의식이 들어오게 되었다. 브라질의 전통 무술인 카포에이라Capoeira가 만들어졌다. 브라질 문화를 대표하는 삼바Samba 역시 아프리카 흑인들을 중심으로 만들어졌다. 아프리카 음식과 조리법은 브라질의 음식 문화에도 영향을 주었다. 무엇보다 흑인들과 이들의 혼혈인 물라토Mulato가 브라질 인종 구성의 큰 부분을 차지하게 되었다.

이제 흑인은 더 이상 외부 세계의 사람이 아니다. 16세기, 브라질과 아프리카 두 세계가 처음 만난 이후로 융합되고 발전하며 매력적인 브라질 문화를 만들어냈다. 아이러니하게도 비극이었던 역사가 축복이 되었다. 살바도르의 바다 앞에서 이 땅이 겪은 비극과 축복의 역사를 다시 한 번 생각해보았다.

다시 가슴 뛰고 싶다면 브라질

브라질 재래시장인 페이라^{Feira}에는 즉석에서 길거리 음식을 만들어주는 상인들이 있는데 지역마다 음식이 조금씩 다르다. 브라질 북동부 바이아 지방에서는 아까라제를, 남동부 상파울루 지방에서는 빠스떼우^{Pastel}를 먹는다. 하지만 공통적으로 많은 사람들이 먹는 음식을 찾으려면 즉석에서 갓 짜낸 오렌지 주스나 코코넛, 사탕수수 주스 같은 생 음료다.

사탕수수는 포르투갈어로 '까우두 지 까나^{Caldo de Cana}'라 부른다. 브라질과 사탕수수는 역사적으로 뗄 수 없는 관계에 있다. 16~17세기 브라질이 세계에서 알아주는 사탕수수 재배지였고, 이로 인해 포르투갈의 식민 지배가 견고해졌기 때문이다. 아프리카 흑인 노예들이 브라질에 유입되는 계기 역시 사탕수수였다. 도대체 왜 포르투갈은 브라질에서 사탕수수를 재배하는 데 목숨을 걸었을까.

공원에서 나오던 길, 브라질 아저씨에게 빠스떼우와 사탕수수 주스를 주문했다. 1평 남짓한 카트 옆에 대나무처럼 딱딱해 보이는 사탕수수 줄기가 산처럼 쌓여 있고, 기계 뒤쪽에는 즙을 짜고 난 줄기가 쌓여 있었다. 아저씨는 옅은 초록빛의 사탕수수 줄기를 한 움큼 쥐더니 기계에 그

대로 밀어 넣었다. 그러자 신기하게도 사탕수수 즙이 주르륵 흘러내려 컵에 담겼다. 연한 노란빛 또는 연두 빛의 사탕수수 주스가 무척 신기했다.

한 모금 마셔보았다. 세상에! 이렇게 달고 맛있다니. 하긴 사탕수수가 설탕의 원료이니 달콤한 것이 당연하겠지. 하지만 정제된 설탕을 물에 녹인 설탕물과는 맛과 향이 완전히 달랐다. 브라질 사람들이 길거리 음식으로 손에 꼽는 이유를 비로소 이해할 수 있었다. 아이들도 갓 튀겨낸 뜨끈한 빠스떼우를 먹으며 사탕수수 주스를 맛있게 마셨다. 호로록 호로록. 달콤하고 신선한 주스가 목을 타고 넘어가니 기분이 좋았다.

음식을 다 먹고 인사를 하고 돌아섰는데 급하게 부르는 아저씨. 뒤돌아보니 사탕수수 줄기를 손에 쥐고 우리를 쫓아오는 게 아닌가.

"여기요, 이거 가져가요. 애들 주세요. 이렇게 쪽쪽 빨면 돼요."

아저씨는 사탕수수 줄기의 겉껍질을 칼로 벗겨내고서 우리에게 주기 위해 쫓아온 것이다. 포르투갈어가 어설픈 동양여자가 사탕수수 줄기를 신기해하는 모습이 인상적이었거나 맛있게 주스를 마시던 우리 아이들이 귀여웠기 때문일까. 어쩌면 둘 다일지도. 그렇다고 해도 굳이 이런 친절을 베풀지 않아도 되었을 텐데 이렇게 마음을 써주니 고마웠다. 나도 아저씨에게 환하게 웃어 보이며 고맙다고 답했다. 집으로 돌아오며 사탕수수 줄기를 살짝 맛보았다. 와, 그저 나무 막대기처럼 보이는 뽀얀 줄기일 뿐인데 신선한 단맛이 느껴졌다. 이것이 바로 사람을 기분 좋게 하는 단맛이겠지. 왜 포르투갈이 그토록 사탕수수 재배에 혈안이 되어 있었는지 조금 알 것 같았다.

색색의 소원 리본이
나부끼는 곳

　골목을 따라 언덕을 오르자 작은 교회가 나타났다. 교회 앞마당 울타리에 색색의 끈이 묶인 바이아 봉펌교회다. 바람이 나부낄 때마다 흩날리는 모습이 굽이치는 물결 같기도, 하늘 위에 걸린 무지개 같기도 했다. 색색의 끈에는 교회의 이름(Lembrança do Senhor do Bonfim da Bahia)이 쓰여 있었다.

"엄마, 우리도 이거 아까 브라질 아저씨한테 받았잖아."
"맞아, 나도 있어. 우리도 여기에다 묶으면 안 돼?"

　그러고 보니 펠로우리뇨에서 끈을 팔에 걸고 여행자들에게 판매하는 브라질 아저씨를 만났었다. 우리에게 다가오기에 괜찮다고 이야기를 했는데 아저씨는 그냥 주고 싶다며 하나씩을 꺼내 아이들에게 쥐어 주었다. 그것이 봉펌 교회의 이름이 적힌 소원 리본이었다.

　사실 작은 교회가 이렇게 유명해지게 된 것은 이곳에 얽힌 이야기 때문이다. 과거 이 교회에서 몸이 불편한 환자들이 간절히 기도를 했는데 완치되는 사람들이 많았다고 한다. 그들은 놀라운 경험을 기념하고자 사용했던 의족이나 목발을 교회에 가져다 놓았고, 이곳에서 병을 고친 사람들이 많다는 소문이 돌자 많은 환자들이 몰려들었다고 한다. 지금도 자신의 아픈 부위가 낫길 바라며 신

다시 가슴 뛰고 싶다면 브라질

체 부위를 본뜬 모형을 성당에 걸어놓는다. 이후 간절한 소원이 있는 사람들까지 찾아오면서 교회는 더욱 유명해졌다.

지금은 교회의 이름이 적힌 색색의 끈을 팔에 두 번 감고 세 번 매듭 지어 묶은 뒤, 끊어질 때까지 감고 있으면 소원이 이루어진다고 믿는 풍습도 생겼다. 소원 리본의 색은 저마다 의미가 있어 빨강은 열정, 주황은 용기, 노랑은 성공, 초록은 생명, 파랑은 건강, 하양은 평화를 상징한다.

마침 우리가 방문한 시간에 한창 예배 중이었다. 예배당은 크지 않았지만 사람들로 가득했고, 경건한 찬양 소리가 공기를 가득 메우고 있었다. 우리처럼 봉핑교회를 둘러보기 위해 찾은 여행자들 중에도 뒷자리에 앉아 기도를 드리는 사람이 꽤 있었다. 저마다의 소원은 다르겠지만 간절함만큼은 동일한 무게이리라. 포르투갈어로 진행되는 예배의 의미를 온전히 알 수는 없었지만 그 간절함에 동참하고 싶어서 나도 잠시 눈을 감고 하나님께 기도드렸다. 우리 가족 모두 브라질에서 건강하고 안전하게 지낼 수 있기를. 기도를 마치고 나오니 아이들은 아빠와 교회 앞마당에서 놀고 있었다.

"애들아, 우리도 끈 달아보자. 어디에 달면 좋을까?"

신이 난 아이들이 강아지마냥 쪼르르 달려왔다. 아이들이 고른 자리에 끈을 걸어주었다. 매듭을 짓고 손을 떼자 이내 불어오는 바람에 펄럭였다. 이미 자리를 지키고 있던 다른 이들의 소원과 하나가 되어. 그렇게 간절한 마음들이 흩날렸다. 작은 언덕 위, 바이아 봉핑교회에서.

바다와
바다거북

살바도르에는 유명한 등대가 있다. 1698년 바하 해변의 언덕 위에 세워진 남미 최초의 등대이자 요새인 바하 등대 ^{Farol da Barra}다. 살바도르의 바다를 보기로 한 여행 셋째 날 아침, 우리는 이곳으로 향했다. 하얀 구름이 잔뜩 있긴 했지만 볕이 좋은 날이어서 등대도, 초록 잔디도 밝게 빛났다. 우리는 자연이 만들어 놓은 아름다운 풍경으로 들어갔다. 언덕 위를 휘감는 바람과 파도치는 푸른 바다, 바다 내음을 가슴에 담고 다음 목적지로 향했다.

1시간 20분 정도 차를 타고 달리자 포르치 해변 ^{Praia do Forte} 이 나타났다. 파란 하늘, 넘실대는 파도, 고운 모래사장, 작은 네트를 사이에 두고 공을 주고받는 사람들, 코코넛이나 슈하스코 꼬치를 파는 상인들, 자연의 그늘을 만들어주는 야자나무, 저마다의 모습으로 바다를 즐기는 브라질 사람들. 처음에는 이국적이어서 반했던, 이미 익숙해진 지금도 브라질 바다는 여전히 설렜다.

"얘들아, 우리 이제 거북이 보러 가지 않을래?"

엄마의 말에 동물을 좋아하는 두 아이의 눈이 반짝였다. 포르치 해변에는 프로제뚜 따마르 ^{Projeto TAMAR} 가 있다. 따마르는 바다거북 ^{Tartarugas Marinhas} 에서 따 온 말이다. 그러니 프로제뚜 따마르는 '바다거북 프로젝트'라 할 수 있다. 1980년에

시작되어 브라질 정유회사인 페트로브라스[Petrobras]에서 공식 후원을 받아 1983
년부터 본격화된 환경보호운동이자 브라질 정부의 비영리단체이다. 이곳에서
는 멸종 위기에 처한 바다거북을 살리기 위해 바다 환경을 지키고, 다치거나 포
획된 거북을 치료해 다시 바다로 돌려보내는 일을 한다. 브라질 해안을 따라 22
개가 운영되는데 우바뚜바[Ubatuba]에 이어 살바도르에서 다시 방문하게 되었다.

아이들은 신이 나 어쩔 줄을 몰랐다. 아쿠아리움처럼 유리 수조가 아니어서
커다란 거북들이 자유롭게 헤엄치는 모습을 바로 눈앞에서 볼 수 있었다. 마침
거북들의 식사 시간이 되어 먹이를 먹는 모습도 지켜볼 수 있었다. 바다생물을
좋아하는 둘째는 이곳이 정말 좋아서 몇 바퀴를 돌며 보고 또 보았다.

하지만 내 눈길을 사로잡은 것은 거북만이 아니었다. 그곳에서는 왜 우리가
바다거북을 보호해야 하는지 알기 쉽게 설명하고 있었다. 어부의 그물에 걸리
거나 바다로 떠밀려온 쓰레기를 먹고 죽은 거북, 환경오염 때문에 기형으로 태
어난 거북 등 지구가 처한 현실을 고스란히 보여주고 있었다. 이것이 곧 멸종
위기에 처한 수많은 생물의 현실이었다. 폐그물에 온몸이 칭칭 감긴 채로 플라
스틱 병과 쓰레기를 물고 있는 거북의 모습을 보고 있자니 모형이었는데도 책
임감이 들었다. 이런 마음을 이곳에 온 사람들이 가질 수 있다면, 작게나마 일

상에서 실천할 수 있다면, 이곳이 존재하는 가치가 분명하다는 생각이 들었다.

이렇게 살바도르 여행이 끝났다. 돌이켜보니 이번 여행은 시작부터 끝까지 미처 알지 못했던 것을 알 수 있었던 시간이었다. 브라질에서 벌써 만 3년이 넘는 시간을 살았지만 이렇게 많은 흑인들이 살고 있다는 것도 알지 못했고, 그들이 만들어낸 문화의 강력한 매력을 느끼지 못했다. 서울과 다를 바 없는 대도시인 상파울루와 깔끔한 교육도시라는 깜삐나스만 보았던 내게 살바도르는 완벽하게 다른 결을 가진 도시였다.

만약 우리가 이곳에 와보지 않았다면 코끼리의 다리만을 만져보고 이것이 기둥이라 믿은 생쥐와 다르지 않았을 것이다. 매일 만나는 일상과는 완벽하게 다른 살바도르의 풍경을 보고 듣고 느낄 수 있어서, 그렇게 조금 더 브라질을 알아갈 수 있어서 더없이 소중한 시간이었다. 브라질의 또 다른 모습을 만나고 싶은 여행자라면 살바도르에 가보는 건 어떨까?

3

Minas Gerais

미나스제라이스

금의시대가 찾아오다

식민 시대의
흔적을 따라

"이번 연휴에는 'Belo Horizonte'에 가면 어때?"
"어? 어, 그래. 그런데 이름이 뭐라고?"

도무지 입에 붙지 않았다. 베.. 벨류? 아니, 벨로? 벨루? 이름도 길고, 발음도 생소했다. 몇 번을 들어도 도통 외워지지 않았던 벨루오리존치는 상파울루 주 위에 있는 미나스제라이스 주의 주도다.

미나스제라이스는 상파울루와 히우지자네이루의 북쪽, 브라질 동남부에 위치한 주다. 예로부터 목축업과 낙농업이 발달했고, 브라질 치즈빵, 빵지께이주가 만들어진 곳이기도 하다. 화덕 위에 항아리를 올리고, 고기와 각종 재료를 넣어 끓여 만드는 미네이루^{Mineiro} 전통 음식과 소시지로도 유명하다. 특히 브라질 최초로 유네스코 세계유산으로 선정된 오루프레투^{Ouro Preto}가 이곳에 있다.

18세기 금광이 발견되며 금을 찾아온 사람들로 북적였고, 포르투갈의 양식을 따라 집과 도시가 세워진 곳. 동시에 포르투갈의 약탈에 대항하는 독립운동이 이루어졌던 곳. 포르투갈 식민 시대의 빛과 그림자가 고스란히 남아 있는 그곳을 향해 우리는 떠났다.

벨루오리존치에 도착한 다음 날, 차로 한 시간 반을 달려 오루프레투에 갔다. 18세기 유럽의 양식을 따라 지은 옛 건물들이 골목마다 가득했다. 조금 낡았지만 알록달록 채색된 건물들, 비탈에 돌을 깔아 만든 울퉁불퉁한 오르막 도로. 18세기의 브라질로 시간 여행을 온 것이 아닐까 하는 착각마저 들었다.

오루프레투Ouro Preto * 라는 도시의 이름은 검은 금을 뜻한다. 과거 이 지역에 금, 다이아몬드, 철광석 등 광물 자원이 풍부하게 매장되어 있어 붙여진 이름이다. 중미의 사탕수수 생산량 증가로 쇠퇴의 길을 걷던 1693년, 미나스제라이스에서 기적적으로 금이 발견되었다. 영토 확장을 위해 탐험을 떠났던 반데이라 탐험대의 성과였다. 이후 황금의 꿈에 부푼 많은 사람들이 이곳으로 몰려들었고, 금광 개발을 통해 부를 쌓았다. 이들을 따라 유입된 예술가들은 18세기 유럽에서 유행하던 바로크 양식의 아름다운 건축물을 세웠다. 금으로 치장한 도

* 오우루프레투

다시 가슴 뛰고 싶다면 브라질

시는 화려하게 빛났다. 많은 시간이 흘렀지만 여전히 오루프레투에는 당시의 모습이 고스란히 남아 있다.

아기자기한 건물이 반기는 오루프레투의 골목을 따라 걷자 치라덴치스 광장과 위용을 뽐내며 서 있는 잉콘피덴시아 박물관이 나타났다. 갈색 돌과 하얀 벽으로 세워진 건물은 첨탑과 지붕 위의 동상, 곡선 형태의 창문과 장식 때문에 무척 고풍스럽게 보였다.

잉콘피덴시아 박물관Museu da Inconfidência은 규모가 크지 않지만 18세기 브라질의 문화재들을 빈틈없이 배치해놓아 볼거리가 있었다. 포르투갈에서 브라질로 이주해 최초의 왕이 되었던 동 페드로 왕과 일가의 유품, 18세기에 사용했던 가구와 의복 등 생활물품, 성모마리아 조각상 등 가톨릭 관련 예술품 등이 있었다. 덕분에 브라질의 옛 모습을 잘 이해할 수 있었다. 그 중에서도 내 눈길을 사로잡은 것은 브라질 독립 운동가들이 남긴 유품이었다. 특히 이곳에는 치라덴치스가 처형되었던 형장이 전시되어 있었다.

브라질 독립운동가를 대표하는 치라덴치스^{Tiradentes}의 이름은 사실 이를 뽑는다는 뜻이다. 본명은 조아킹 조제 다 시우바 샤비에르^{Joaquim José da Silva Xavier}지만 치과의사로 활동한 적이 있어 이렇게 불리게 되었다고 한다.

금이 발견된 18세기, 포르투갈은 막대한 양의 금을 본국으로 보냈다. 치라덴치스는 이곳과 히우지자네이루의 항구를 연결하는 도로와 관련된 일을 하며 얼마나 많은 자원이 포르투갈로 운송되는지 목격하게 되었다. 무분별한 채굴로 금은 순식간에 말라버렸지만 포르투갈은 탐욕을 거두지 않았다. 오히려 부족분을 세금으로 징수해 브라질에 극심한 고통을 가했다. 결국 치라덴치스는 1789년 독립운동을 준비하지만 정보가 유출되며 실패하였고, 1792년 4월 21일 광장에서 처형당하고 말았다. 그 후 브라질이 포르투갈로부터 독립하며 치라덴치스는 브라질 독립 영웅이 되었고, 1889년부터 그가 처형당한 4월 21일을 치라덴치스의 날^{Dia de Tiradentes}로 기념하고 있다.

브라질의 독립을 위해 힘을 보태었던 이는 치라덴치스 한 사람만이 아니었다. 수많은 민초들이 뜻을 모았고, 그 중에는 여성도 있었다. 전시된 설명을 읽어보니 독립 운동가였던 남편을 따라 함께 일했거나 먼저 남편을 여의고 정신질환을 앓게 된 이도 있었다고 한다. 문득 옥에서 이슬처럼 사라졌던 유관순 열사와 수많은 한국의 독립 운동가들이 생각났다. 물론 브라질과 한국은 식민 역사가 다르기에 독립의 의미도 다르지만 수탈과 침략에 저항했던 정신만은 비슷할 것 같다는 생각이 들었다.

내 나라의 역사도 아니건만 브라질에 발을 대고 살아서일까. 가슴이 먹먹해졌다. 포르투갈의 약탈과 강제 아래 처절하게 저항했던 이 땅의 이야기가 오늘을 살아가는 낯선 이방인인 내 마음을 요동치게 했다. 이제 그들은 사라졌지만 그 정신만은 지금도 많은 사람들에게 깊은 감동을 주리라 믿는다.

다시 가슴 뛰고 싶다면 브라질

미네이루
음식

박물관을 보고 나오자 출출했다. 마침 이곳의 전통 음식을 하는 뷔페가 있었다. 브라질의 새로운 도시로 여행을 가면 꼭 그 지역 요리를 먹어보는 우리여서 가보고 싶었지만 손님이 너무 많았다. 아쉽지만 포기하고 골목 모퉁이를 지나는데 큼지막한 빵 사진이 걸려 있었다. 전통 소시지 빵^{Tradicional Pão com Linguiça}이라니! 냉큼 들어가 보았다.

사실 이 소시지 빵^{Pão com Linguiça}의 재료는 간단하다. 두툼한 수제 소시지를 불에 굽고, 양상추나 볶은 양파 같은 야채와 함께 빵 사이에 넣는다. 이때 사용하는 빵이 바로 빵프랑시스^{Pão Francês}다. '프랑스 빵'이라는 뜻으로 설탕과 버터를 적게 넣어 담백하게 만든 빵이다. 먹기 편하게 작은 크기로 만들면 빵지뉴^{Pãoz-inho}라고도 하는데 사실 두 단어를 혼용해서 쓴다.

빵프랑시스는 브라질 어디에서나 쉽게 볼 수 있는 흔한 빵이다. 동네 빵집에서도, 슈퍼에서도 갓 구워 판매한다. 대형마트에는 이 빵을 무게당 얼마에 파는지 써 붙여 놓을 정도로 물가를 가늠하는 바로미터가 된다. 처음 먹었을 때는 뭐 이렇게 심심한 빵이 있나 싶었지만 먹을수록 바삭한 겉과 부드러운 속이 무척 맛있었다. 반을 갈라 버터나 마가린을 발라도 맛있고, 오븐에 구워도 맛있다. 가미하는 재료에 따라 다양한 맛으로 먹을 수 있는 변화무쌍한 매력이 있다. 먹

으면 먹을수록 왜 브라질 사람들이 아침마다 커피와 함께 먹는지 알 수 있다.

마침 이 식당에서는 한 그릇에 미네이루 전통 가정식이 골고루 나오는 메뉴가 있어 빵과 함께 주문했다. 잠시 후, 음식이 나왔다. 그런데 전부 익숙하다. 쌀밥, 콩으로 만든 페이정, 구운 소시지, 볶은 케일, 돼지껍질 튀김, 계란프라이, 그리고 구운 고기. 생각해보니 집 근처에 있어 종종 갔던 뷔페가 바로 미네이루 음식을 파는 곳이었다. 역시 사람은 아는 만큼 볼 수 있는 것인가 보다.

생각해보니 미네이루 식당에서는 음식이 화로 위에 있었다. 그리고 화로 위 항아리 안에는 소의 여러 부위를 자작한 국물과 함께 오래 끓여낸 음식들이 있었다. 생김새나 맛도 비슷해서 이건 도가니, 이건 순대, 이건 갈비찜 같아 했었는데. 숱하게 먹었던 것을 이제야 알게 되었다. 여행은 이렇게 아는 것과 경험한 것이 절묘하게 맞물려 진짜 앎을 만들어낸다. 어쩌면 그것이 내가 브라질에서의 여행을 멈추지 못했던 이유였을지도 모른다.

동글동글 노란 빛깔의 브라질 치즈 빵, 빵지께이주^{Pão de Queijo}는 진한 치즈의 맛과 쫄깃쫄깃한 식감이 매력적인 빵이다. 브라질에서는 커피와 함께 아침 식사로 먹기도 하고, 남녀노소 누구나 출출할 때 간식으로도 즐긴다.

빵지께이주는 미나스제라이스에서 처음 만들어졌다. 만지오카 가루에 치즈가루와 우유, 계란, 소금, 버터를 넣어 만든다. 주재료인 만지오카는 브라질 인디오의 식재료다. 카사바^{Cassava}, 아이핌^{Aipim}, 마니오크^{Manioc}라고도 부르고, 곱게 가루로 만든 것이 타피오카^{Tapioca}다. 녹말 성분이 쫄깃한 식감을 낸다. 만지오카 가루는 뿌리를 말려 가루로 만들기 때문에 만드는데 시간이 오래 걸려 빵지께이주가 처음 만들어졌던 1600년대에는 귀족만이 먹을 수 있었다고 한다.

2016년 리우 올림픽을 앞두고 한국의 매체들은 브라질에서 꼭 먹어봐야 할 음식으로 빵지께이주를 추천했다. 그 이야기를 전하자 브라질 친구들은 깜짝 놀랐다. 브라질에서는 흔하고 평범한 음식이기 때문이다. 하지만 우리에게는 어디에서도 먹어보지 못한 특별한 맛, 매일 먹어도 질리지 않는 신기한 맛이다. 그러니 브라질의 치즈 빵, 빵지께이주는 브라질 음식의 대표 선수가 될 자격이 충분한 것 아닐까.

23개의 성당을
품은 도시

오루프레투는 금이 넘치던 미나스제라이스의 중심 도시답게 23개의 성당이 있다. 그 중 백미는 400kg이 넘는 금으로 화려하게 장식한 필라 성모 마리아 성당이다. 그밖에 알레이자지뉴^{Aleijadinho}의 바로크 양식 조각들이 수놓은 아시시 성 프란시스코 성당, 까르모 성모 마리아 성당, 파울라 성 프란시스코 성당 등 오루프레투의 크고 작은 성당들마다 브라질 바로크 예술의 진수를 보여준다. 따지고 보면 이 도시 전체가 예술 작품인 셈이다.

"필라 성모 마리아 성당에 가려고 하는데요"
"어, 거기 오늘 문 닫았어요. 어제 열었거든요."

아, 맞다. 어제가 성모 마리아의 날^{Nossa Senhora Aparecida}이었지. 성당을 보려고 일부러 공휴일을 피해 오늘 왔는데 어제 예배와 행사를 치르고 오늘 쉬는 모양이었다. 오전에 박물관과 광장을 둘러보고, 오후에 오루프레투의 성당을 둘러볼 참이었는데 이런! 방문할 수 있는 근처의 성당을 물어보니 다행스럽게도 까르모 성모마리아 성당^{Igreja de Nossa Senhora do Carmo}은 문을 열었단다. 발걸음을 재촉했다.

그렇게 마주한 까르모 성모 마리아 성당의 모습이란. 눈부시게 아름다웠다. 세월의 흔적이 느껴지는 하얀 벽, 베이지색 기둥과 모서리 돌, 그 위를 장식하는

다시 가슴 뛰고 싶다면 브라질

아름다운 조각, 성인의 키 두 배는 되어 보이는 청량한 파란 문. 수수해 보이지만 무척 아름다웠다. 안으로 들어가자 성당 내부는 하얗게 칠해져 있었는데 모든 기둥과 장식마다 온통 금테를 두르고 있었다. 이 도시에 얼마나 금이 차고 넘쳤기에 1780년에 완공된 이 성당을 온통 금으로 장식했을까. 놀라지 않을 수 없었다.

 마을의 모습이 한눈에 들어오는 성당 앞마당의 풍경도 훌륭했다. 구불구불한 능선을 따라 빼곡하게 자리한 주황빛 지붕의 집들. 지붕도 없이 무너져가는 브라질의 난민촌, 파벨라Favela를 볼 때면 늘 가슴이 아렸는데 이곳의 집들은 따스하고 행복한 느낌을 주었다. 찬찬히 보고 있자니 저 너머에 또 다른 성당이 있었다. 순간 저곳에서 이쪽을 바라보면 어떨까 하는 호기심이 들었다. 지도에서 찾아보니 파울라 성 프란시스코 성당Igreja São Francisco de Paula이었다. 곧장 찾아가 보았다. 이곳 역시 문은 닫혀 있었지만 좀 전에 서 있었던 까르모 성당 주변의 경치가 잘 보였다. 말로 표현할 수 없는 장관이었다. 흡사 이탈리아 피렌체 여행을 갔을 때 산 위에서 내려다본 풍경 같았다.

브라질 국민 중 약 70%가 가톨릭 신자라고 한다. 개신교도 약 20%다. 역사적, 문화적으로 기독교의 전통이 깊이 뿌리 내린 나라여서 어느 도시에서든 성당을 볼 수 있다. 종교적 의미는 차치하더라도 긴 세월을 견디어 낸 건축물마다 이 땅이 겪은 역사와 정서를 담고 있어 성당은 건물 이상의 의미를 가진다. 오루프레투의 성당들 역시 마찬가지였다. 금광으로 부유했던 산골마을에 이식된 유럽의 바로크 양식, 하지만 남미의 토양과 아프리카 흑인 노예의 정서가 반영되어 유럽의 것과는 결이 다른 브라질의 문화와 예술을 고스란히 보여주고 있었다.

오롯이 브라질이어서, 브라질이기 때문에 배어나는 정서. 그리고 그 깊이에 온전히 취하게 되면 이 땅의 것들을 사랑하지 않을 수 없다. 오루프레투에서라면 더욱 그렇다.

다시 가슴 뛰고 싶다면 브라질

두근거리는
광산 체험

오루프레투를 둘러보고 마리아나^{Mariana}에 가기 위해 서둘러 차에 탔다. 브라질 친구들이 추천해준 금광이 바로 옆 도시에 있기 때문이다. 성당에서 보았던 산자락 너머의 집들을 지나 40여 분을 달려 빠싸젱 금광^{Mina de Ouro da Passagem}에 도착했다.

겉으로 보기에는 한적한 시골마을 같은데 이곳에서 금이 나왔다니. 광산투어는 나도 처음이어서 아이들처럼 가슴이 두근거렸다. 안으로 들어가자 우리를 기다리고 있는 것은 지하 광산으로 내려가는 비탈 위에 놓인 레일과 작은 인차였다. 머뭇거리는데 브라질 사람들이 자리에 앉기 시작했다. 엉겁결에 우리도 앞뒤로 나누어 앉았다. 경사가 심해 보여 아이들을 꼭 안은 채 손잡이를 잡았다.

까아악! 사람들이 타자마자 인차는 지하로 곤두박질쳤다. 컴컴한 갱도에는 드문드문 등이 달려있었다. 내 앞에 앉은 브라질 아저씨의 페도라와 갱도를 밝히는 등이 묘하게 조화를 이루어 마치 내가 '인디아나 존스' 같은 탐험 영화의 주인공이 된 것 같았다. 생각보다 경사가 심하자 둘째는 울음이 터졌다. 그래도 조금 지나니 완만해서 아이들은 더 이상 무서워하지 않았다. 오히려 더 타고 싶어할 정도로 재미있었다. 가이드는 우리를 갱 안으로 안내했다.

　빛 한 점 없는 갱으로 들어가자 층층이 쌓인 지층을 깨뜨려 만든 길이 여기 저기 뚫려 있었다. 동굴 같은 갱에는 레일이 깔려 있고, 작업에 사용했던 물품 이 전시되어 있었다. 지금이야 이렇게 여행자들이 찾아오지만 수세기 전에는 누군가가 이곳에서 하루 종일 작업했겠지. 그리고 그들이 피와 땀으로 찾은 금 은 다른 이의 손에 쥐어졌겠지. 생각이 거기에 미치자 마음 한구석이 쓰렸다. 한쪽에 마련된 추모 공간 앞에서 그 마음은 더 크게 느껴졌다.

　이곳에서의 금 채굴은 1720년 무렵부터 아프리카 흑인 노예에 의해 이루어 졌다. 금이 포함된 지층을 향해 높은 곳에서 물을 떨어뜨려 부수고, 낮은 지대 로 흘려보내 퇴적된 사금을 채취했다. 화려하게 바로크 예술을 꽃피웠던 오루 프레투의 번영 뒤에는 깊은 어둠 속에서 고된 노동에 시달린 흑인 노예들이 있 었다. 그리고 브라질의 막대한 금을 고스란히 가지고도 탐욕을 거두지 않았던 포르투갈이 있었다. 그러했기에 결국 브라질인은 결속하고 독립운동을 일으켰 으리라. 어렵게 느껴졌던 브라질의 역사가 직접 눈으로 마음으로 다가와 이해 되었다.

　투어를 마치고 밖으로 나왔다. 갱 앞에는 그 시절에도 사용했을 법한 도구들 이 가지런히 놓여 있었다. 아이들은 제 몸집만한 커다란 패닝 접시를 물에 넣었

　　　　　　　　　다시 가슴 뛰고 싶다면 브라질

다 빼며 사금을 채취하는 흉내를 냈다. 이 땅을 살아갔던 이들의 자취를 쫓아 지하에 다녀온 탓일까. 손때 묻은 도구들이 어두운 시절의 유물처럼 느껴졌다. 아이들을 비추는 환한 빛이 더욱 눈부셨다. 황금에 감추어진 빛과 어두움의 역사. 그 한복판에 우리는 서 있었다.

"전우들이여, 포르투갈 의회는 우리를 노예화하려 한다. 오늘부터 우리의 관계는 끊어졌고, 더 이상의 유대도 없다. 그대들의 팔찌와 완장을 벗어버려라. 우리는 독립하여, 자유롭게, 분리된 브라질로 살아갈 것이다. 나의 피, 나의 명예, 나의 하나님 앞에, 나는 브라질에게 자유를 주리라 맹세하노라. 독립이 아니면 죽음을(Independência ou Morte)."

1822년 9월 7일, 이삐랑가 강가에서 동 페드로는 외쳤다. 브라질 역사에 '이삐랑가의 외침 O Grito do Ipiranga'으로 기록된 독립의 순간이다. 포르투갈 의회로부터 독립을 선언하고 최초의 브라질 황제가 된 동 페드로 1세의 이야기는 18세기에서 시작된다. 당시 나폴레옹이 집권하게 된 프랑스는 대륙봉쇄령을 선포했고, 포르투갈을 압박했다. 견디지 못한 동 조앙과 포르투갈 왕실은 1808년, 브라질의 히우지자네이루로 피난을 가게 된다. 이들은 브라질에 도착해 항구를 개방하고, 브라질의 개혁을 시작하였다. 그러다 포르투갈 의회의 귀환 요청에 따라 동 조앙은 아들 동 페드로를 남겨둔 채 1821년, 본국으로 돌아간다. 브라질에 남은 동 페드로는 계속된 귀환 요구를 받아들이지 않았고 브라질을 식민지로 남기려는 의회의 요구도 거절한다. 마침내 1822년, 동 페드로는 이삐랑가 강가에서 브라질의 독립을 선언한다. 이후로 1824년에 '제국헌법 Constituição Império'을 선포하고, 미국과 영국, 포르투갈의 승인을 얻어내며 1825년 8월, 브라질은 정식으로 독립을 인정받게 되었다.

브라질은 300년이 넘는 긴 시간동안 포르투갈의 지배를 받았다. 오랜 식민 시대 동안 많은 포르투갈인이 브라질로 이주해오며 두 세계는 혼합되었다. 이주해온 포르투갈인은 새로운 다음 세대를 탄생시키며 그들의 나라를 만들어 갔고 이렇게 브라질에서 태어난 많은 백인들은 미지의 땅인 브라질을 탐험하는 원정대가 되어 영토를 넓히며 포르투갈인과는 다른 정체성을 가지게 되었다. 게다가 16세기부터 백인과 인디오, 백인과 흑인의 혼혈이 탄생하면서 브라질은 이미 다양한 인종이 함께 하는 나라가 되었다. 따라서 브라질의 독립은 포르투갈로부터의 정치적 독립이라 이해하는 것이 더 적합할지도 모른다.

그래서 우리의 독립과 브라질의 독립이 가지는 온도는 확연하게 다르다. 우리의 독립이 조금 아프고 감격스럽게 느껴진다면 브라질의 독립은 새 출발을 반기는 두근거림이랄까. 이러한 배경 속에 브라질은 1889년, 공화국을 선포하며 새로운 시대를 맞이하게 된다. 비슷한 시기에 노예제까지 완전히 폐지되며, 비로소 브라질은 독특한 역사와 문화를 가진 나라로 거듭나기 시작한다.

돌 시장과
밤 풍경

　광산 체험을 마치고 다시 오루프레투로 돌아왔다. 그대로 돌아가기에는 아쉬움이 남았고, 이곳의 밤 풍경이 보고 싶었다. 그때 어디에선가 하모니카 소리가 들려왔다. 홀린 듯 소리를 따라가니 아시시 성 프란시스코 성당 앞에 작은 재래시장이 있었다. 그곳에는 돌을 깎아 만든 공예품이 가득했다. 돌을 무늬대로 깎고 채색한 접시, 보석함, 동물 모양 장식품, 시계, 성모마리아상, 찻잔과 항아리 같은 것들. 정교하게 깎고 채색한 돌 공예품들 모두 아기자기한 멋이 있었다.

　이곳에서는 브라질 상인들이 돌을 가공하는 모습을 직접 볼 수 있었다. 손님에게는 눈길도 주지 않은 채 묵묵히 돌을 깎고 있었다. 모든 것을 기계가 만들고 대신하는 요즘 같은 시대에 손으로 두드리고 깎아내 만들다니. 투박하지만 훨씬 따뜻하게 느껴졌다. 이런 내 마음과 같은지 아이들의 시선도 브라질아저씨의 손끝에 한참 머물렀다.

　신기한 구경을 하며 아이들과 마음에 드는 공예품을 골랐다. 그 사이 브라질의 하늘은 붉게 물들었다. 우리를 이곳으로 이끌었던 담벼락 위의 노인은 여전히 우두커니 선 채로 하모니카를 불었고, 산자락을 타고 넘어오는 선선한 바람은 여행의 낭만을 더해주었다. 마침 평이 좋은 식당이 가까이 있어 경치가 잘

보이는 창가에 자리를 잡고 앉았다. 창문 너머로 보이는 산등성이마다 보석처럼 반짝이는 불빛들이 빼곡했다. 이 모습을 보고 반하지 않을 사람이 있을까. 다시 돌아오기를 참 잘했다고 생각했다.

식사를 하고 나오자 완벽한 밤이 찾아왔다. 더 이상 산도, 집도 보이지 않았다. 하지만 어둠이 짙어질수록 집집마다 켜놓은 불빛은 더 환하게 빛났다. 광장의 건물들도 밝은 조명을 입어 멋스럽게 느껴졌다. 아시시 성 프란시스코 성당도 마찬가지였다. 해가 서서히 빛을 잃어가고, 석양만이 비추는 성당은 어딘가 모르게 쓸쓸한 느낌이었지만 오히려 완전한 어둠이 찾아오자 화려한 자태를 뽐냈다. 마치 식민지로서 이 땅이 마주한 운명이 가혹해질수록 브라질인들의 정신과 문화는 더 밝게 빛났던 것처럼.

생각해보면 오루프레투는 과거와 현재, 낮과 밤, 슬픔과 기쁨이 함께 하는 도시다. 금의 시대를 거치며 예술적으로 융성하였으나 독립운동의 꿈을 피우지 못하고 져버린 슬픈 역사가 공존하는 곳. 이 땅을 지키려 했던 이들은 사라지고 화려한 건물만 쓸쓸하게 남았지만 진짜 브라질을 만나고 싶은 여행자들의 활기가 늘 가득한 곳. 주황빛 집들이 만드는 따스한 낮의 모습과 차갑게 식은 밤하늘 아래 반짝이는 별들의 낭만이 함께하는 곳. 그래서 나에게 오루프레

투는 브라질의 과거와 현재를 동시에 느낄 수 있는 오묘하고 색다른 곳이었다.
아마 지금까지 그래왔듯 이 도시는 앞으로도 브라질의 지난 발자취에서 오늘
과 내일의 브라질을 보고 싶어 하는 이들을 기다릴 것이다.

다시 가슴 뛰고 싶다면 브라질

브라질 최고의 미술관, 이뇨칭

이뇨칭은 벨루오리존치에서 차로 한 시간 떨어진 브루마지뉴^{Brumadinho}에 있다. 이뇨칭은 광산업으로 부호가 된 베르나르도 파스^{Bernardo Paz}에 의해 2006년에 설립된 야외 미술관이다. 전체 면적 1,942에이커, 우리 식으로 약 237만평에 달하니 브라질 최대 규모일 뿐 아니라 라틴아메리카에서도 손꼽히는 야외 미술관이다.

'Bem-Vindo ao Inhotim(이뇨칭에 오신 것을 환영합니다)'. 입구에 깔끔하게 적힌 안내문과 빽빽하게 늘어선 열대나무를 보자 가슴이 두근거렸다. 이렇게 세련된 야외 공간이 있다는 사실만으로도 벌써 기대가 되었다. 한 걸음씩 내딛을 때마다 나타나는 풀과 나무의 조화가 참 색다르고 아름다웠다. 곳곳에 자리한 호수도, 나무를 그대로 베어 만든 천연 벤치도 멋스러웠다. 이뇨칭은 전체를 조경이 아름다운 식물원으로 꾸며놓고 사진, 조각, 설치미술 등 다양한 작품을 전시하는 갤러리를 군데군데 만들어 놓아서인지 야외 공간까지도 모두가 예술작품처럼 느껴졌다.

여러 작품들마다 흥미로웠지만 그중에서도 스위스 태생의 브라질 사진작가 클라우디아 안두자르^{Claudia Andujar}의 작품이 내겐 가장 인상적이었다. 그녀는 브라질 아마존 유역, 아마조니아^{Amazonia}의 사람들과 자연에 관심을 가졌다. 그녀의 사진 작품들은 그 자체만으로도 감각적이었고 그 안에 담긴 호흡들이 탄성을 자아내기에 충분했다.

　또한 그녀는 야노마미족에게 펜을 주고 그들이 그려낸 세계를 대중에게 선보였다. '야노마미^Yanomami'는 인디오의 언어로 '사람'을 뜻한다고 한다. 그들은 아마존에서 자신들의 터전을 지키며 살아간다. 하지만 21세기가 되자 아마존의 열대우림은 개발을 위해 파괴되기 시작했고, 이들 역시 위협받게 되었다. 최근에는 개발업자들에 의해 80여 명의 야노마미가 단체로 학살되는 사건이 일어나기도 했다. 아마존에서 스스로 살아왔던 사람. 그들의 삶을 위협하는 것이 사람이라니. 사람이 사람의 적이 되던 과거의 역사가 지금도 다르지 않다. 하지만 정작 야노마미가 그런 것 역시 사람이었다. 함께 먹을 것을 구하고, 기도하고, 모여 살아가는 것. 함께 살아가는 이들과 내가 오늘 만들어가는 삶을 고스란히 그림으로 표현했다. 어쩌면 그들은 세상살이의 이치를 진작부터 알고 있었는지도 모른다. 우리가 진정 사람답게 살기 위해서는 사람이 제일 중요하다는 것을. 내 곁의 사람들과 함께 어울려 살아가며, 매일 만나는 소소한 행복에 만족하고 감사할 줄 아는 것. 그것이 진짜 행복한 삶이라는 것을 그들은 이미 알고 있었는지도 모른다.

　그렇게 야노마미의 세계를 만나고 나와 몇 개의 갤러리를 마저 감상했다. 이뇨칭은 발길 닿는 곳마다 나의 미적 허기를 채우기에 충분할 만큼 아름다웠다. 무엇보다 자연과 예술이 감각적으로 만나는 환상적인 경험을 할 수 있어 좋았다. 그러니 내게 브라질 최고의 미술관을 꼽으라 한다면 단연코 이뇨칭이다.

·4·

Rio de Janeiro

히우지자네이루

브라질이 피어나다

기적의 도시를 지나
경이로운 도시로

Sejam Bem-Vindos à Cidade Maravilhosa(경이로운 도시에 오신 것을 환영합니다). 1502년 1월, 포르투갈 선원들이 탄 배가 어느 해안에 도착했다. 대서양으로 흘러가는 좁은 물줄기를 보고, 그들은 강의 하구일 것이라 생각해 '1월의 강'이라는 이름을 붙였다. 그곳이 바로 1763~1960년까지 살바도르에 이은 브라질의 두 번째 수도이자 세계 3대 미항으로 꼽힐 만큼 아름다운 곳, 히우지자네이루Rio de Janeiro * 다.

히우지자네이루(줄여서 히우)는 18세기, 미나스제라이스의 금이 포르투갈로 운송되는 항구도시로 발전을 시작했다. 이후 포르투갈 왕실과 동 조앙 6세가 피난을 오며 수도가 되기 위한 기초 작업이 이루어졌다. 그 후 1822년 동 페드로 1세가 브라질의 독립을 선언하면서 히우는 독립국가 브라질의 수도로써 정치와 경제 발전의 중심이 되었다. 문화적으로도 크게 발전해 아프리카 흑인 노예들의 음악이었던 삼바가 번성하고, 카니발이라는 지상 최대의 축제가 만들어졌다. 브라질을 대표하는 많은 것들이 히우를 중심으로 만들어졌고, 확산된 것이다. 그래서일까. 히우에 사는 사람들, 즉 까리오까Carioca들은 여전히 히우

• 리우데자네이루

다시 가슴 뛰고 싶다면 브라질

를 브라질의 중심이라 외친다. 히우는 사람을 반하게 하는 마법 같은 도시다.

우리는 브라질에 온지 6개월이 되었을 무렵, 히우로 여행을 떠났다. 상파울루 주의 깜삐나스에서는 차로 6~7시간 정도가 소요되는 거리였지만 가는 길이 나쁘지 않고 경치가 좋아 꽤 많은 사람들이 차를 직접 운전해 간다고 했다. 게다가 가는 중에 아파레시다Aparecida에 들렀다 가기도 좋다고 하니 망설일 이유가 없었다.

아파레시다는 상파울루 주에 있는 도시로 이곳에 얽힌 기적 같은 이야기가 전해져 내려온다. 1717년 어느 날, 파라이바Paraíba 강가에서 주지사에게 대접할 물고기를 잡고 있던 세 명의 어부는 고기 대신 작은 성모마리아 상을 건져 올렸다고 한다. 어찌된 영문인지 얼굴이 까만 성모마리아 상이었다. 순간 한 마리도 잡지 못했던 그물에 갑자기 많은 물고기가 걸렸고, 어부들은 이것이 성모마리아 상이 일으킨 기적이라고 믿게 되었다.

그 후, 세 어부 중 하나였던 펠리페의 집에 성모마리아 상을 두었는데, 기적을 소원하는 많은 이들이 찾아오자 1734년 아파레시다 성당이 만들어졌다. 이 성당의 이름은 도시의 이름이 되었고, 1834년과 1955년에 새로운 성당이 건축되며 지금의 아파레시다 성모마리아 대성당Catedral Basílica de Nossa Senhora Aparecida이 완성되었다. 매년 10월 12일, 성모마리아 축일이 되면 많은 신자들로 붐비는 가톨릭 성지이다.

히우를 향해 차로 달려가던 길, 저 멀리에 크고 웅장한 아파레시다 성모마리아 대성당이 나타났다. 주황빛 벽돌로 쌓아 올린 성당 내부는 천장이 높고 앞뒤가 길어 무척 넓었다. 부활절 예배에 참석한 사람들로 성당 안은 꽉 들어찼고, 한쪽에는 사람들이 길게 줄을 서 있었다. 그 앞에는 듣던 대로 까만 얼굴의 성모마리아 상이 있었다. 어쩌면 그런 모습이었기에 사람들에게 더 믿음의 대상이 되었던 것은 아닐까? 당시 포르투갈의 식민 지배 아래 가장 핍박받았

던 이들이 바로 그렇게 까만 얼굴의 흑인이었을 테니 말이다.

  300년이나 지났지만 아파레시다의 성모마리아 상은 여전히 많은 사람들에게 간절한 대상이었다. 세계에서 두 번째로 넓다는 성당 안을 가득 메운 사람들은 누구 하나 크게 소리 내지 않은 채 정성들여 기도하였다. 저마다의 사연을 가진 서로 다른 모습의 사람들이지만 소원을 비는 그 간절함만은 비슷하지 않을까? 그때도, 지금도 간절히 기도하는 이들 모두에게 아파레시다의 기적이 일어나기를 두 손 모아 기도한다.

다시 가슴 뛰고 싶다면 브라질

코파카바나
해변

아파레시다에서 세 시간을 마저 달리자 드디어 바다가 보이기 시작했다. 운전을 하던 남편은 우리가 히우에 들어왔다고 알려주었다. 그 후로도 차는 해안 도로를 따라 한참을 쉬지 않고 달렸고 마침내 기다리던 코파카바나 해변에 도착했다. 세계 3대 미항의 하나로 꼽히는 히우에는 아름다운 해변이 여럿 있는데 대중적으로 알려진 것이 코파카바나 해변^{Praia de Copacabana}이다. 활처럼 구부러진 모양의 백사장이 약 4km에 달할 정도로 규모가 엄청나다. 푸른 바다와 광활한 해변은 보는 것만으로도 가슴이 뻥 뚫렸다.

푸른 바다를 보자 참을 수 없었다. 곧장 해변으로 달려갔다. 사각사각. 뽀얀 모래는 몹시 부드러워 밀가루 같았다. 그 위에서 브라질 사람들은 저마다의 방법으로 바다를 즐겼다. 해변에서 공을 차며 축구하는 사람들, 조막만한 비키니를 입고 누워 햇빛을 즐기는 사람들, 모래성을 쌓는 아이들, 파도에 몸을 맡긴 채 바다를 즐기는 사람들. 남녀노소의 구분이 없었다. 모두가 맨발로 공놀이를 했고, 할머니나 배 나온 아저씨도 작은 수영복을 입었다. 그들의 자유가 놀랍기도, 부럽기도 했다. 여기가 브라질이라는 것이 비로소 실감 났다.

코파카바나 외에도 히우에는 아름다운 해변이 많다. 특히 이파네마 해변^{Praia de Ipanema}과 레브론 해변^{Praia do Leblon}은 조용하고 고급스러운 분위기로 유명하다.

첫 여행에는 레브론 해변과 아찔한 절벽 사진으로 유명한 가베아 돌산^{Pedra da} _{Gávea} 사이에 있는 호텔에 묵었는데 고즈넉한 바다가 무척 아름다웠다. 두 번째 히우 여행에는 코파카바나 해변의 호텔에 묵으며 밤늦도록 불을 밝히는 바다를 마음껏 볼 수 있었다. 해변마다 가진 매력이 이렇게 다르니 히우는 다녀왔어도 언제나 다시 가고 싶은 곳이다.

실컷 바다를 보고 나와 해안도로에 있는 식당 테라스에 자리를 잡았다. 담백하게 구운 생선이 입에 잘 맞았다. 바다가 요리한 음식을 입에 넣으며 고개를 들자 상상했던 히우의 모든 것이 눈에 들어왔다. 이국적인 야자나무, 나부끼는 브라질 국기, 상체를 드러낸 채 달리는 사람들, 인종의 조화를 뜻한다는 검정색 타일과 하얀색 타일이 물결치는 보도블럭. 꿈꿔왔던 히우의 바다에 내가 들어와 앉아있다는 사실이 믿기지 않았다. 코파카바나 해변의 나른한 오후를 만끽하며 우리는 여행을 시작했다.

다시 가슴 뛰고 싶다면 브라질

히우지자네이루
예수상 아래

히우 여행 둘째 날은 예수상부터 가보기로 했다. 예수상^{Cristo Redentor}은 브라질 독립 100주년을 기념해 해발 710m 코르코바두^{Corcovado} 산꼭대기에 세워진 조각상이다. 1926~1931년 프랑스 조각가 폴 란도브스키^{Paul Landowski}와 브라질 건축가 에이토르 다 시우바 코스타^{Heitor da Silva Costa}의 설계로 완성되었는데 높이 38m, 양팔의 너비 30m, 무게 1,145톤이다. 산꼭대기에 세운 조각상이라기에는 믿기지 않을 정도로 엄청나게 크다. 도시 어디에서나 함께 하는 신의 모습을 보기 위해서라나. 예수상은 히우의 상징이 되었고, 2007년에는 새로운 세계 7대 불가사의로도 선정되었다.

예수상을 보러가는 방법은 두 가지가 있다. 산을 오르는 열차인 트램^{Trem do Corcovado}을 타거나 티주카 국립공원에서 운영하는 투어 밴^{Van Turismo}을 타는 것이다. 개인 차량이나 택시, 버스, 사설회사의 관광버스로는 산 입구까지만 갈 수 있기 때문에 내려서 트램을 타고 올라가거나 정해진 투어 밴 정류장에서 탑승해 올라가야한다. 도착 지점은 동일하다. 산을 오르는 열차가 더 낭만적으로 느껴졌지만 우리는 아이들이 어려 코파카바나 해변에서 출발하는 밴을 타기로 했다.

우리를 태운 밴은 코르코바두 산을 올랐다. 가파른 산길에 멀미를 하지 않을까 걱정했는데 생각만큼 흔들리지 않아 괜찮았다. 밴에서 내리자 예수상의 뒷모습이 보였다. 세상에! 원근감이 느껴지지 않을 정도로 이렇게 엄청나게 크다니. 밴에서 잠든 두 아이를 남편과 한명씩 맡아 안고 계단을 올랐다. 금세 숨이 턱밑까지 차올랐지만 조금씩 가까워지는 예수상 덕분에 힘들지 않았다.

드디어 예수상 앞에 도착했다. 제대로 보고 싶어 고개를 들었다. 그 높이가 얼마나 높던지 고개를 한껏 뒤로 해야 볼 수 있었다. 이 산꼭대기에 어떻게 이런 조각상을 세울 수 있었을까. 볼수록 그저 신기했다. 가까이에서 본 예수상은 단순한 디자인으로 만들어졌다. 그럼에도 불구하고 흘러내리는 옷의 주름이나 인자한 입가의 미소는 어찌나 잘 느껴지던지. 여행자들 모두 거의 눕다시피 하며 예수상과 함께 사진을 찍었다.

예수상 아래로 히우의 독특하고 아름다운 풍경이 펼쳐졌다. 하트 모양의 호수Lagoa Rodrigi de Freitas와 굽이쳐 흐르듯 이어지는 높고 낮은 능선, 빽빽하게 들어선 건물들, 그리고 끝없이 이어지는 해변까지. 절경이었다. 특히 빵지아수까Pão de Açucar는 내 시선을 온통 사로잡았다. 설탕 한 움큼을 쥐어 해안 건너에 살포시 내려놓은 것 같은 독특한 돌산은 일부러 깎아 놓은 것 같았다. 어쩌면 저렇게 생길 수 있지. 이름 때문인지, 풍경 때문인지 모를 달콤함이 내 안에 가득 채워지는 것 같았다.

어째서 산 위에 거대 예수상을 올렸는지 이곳에 올라 직접 보고 나니 조금은 이해할 수 있게 되었다. 예수상 앞에 서면 히우의 모든 것이 시원하게 보인다. 반대로 도시의 어디에서도 예수상은 또렷하게 보였다. 예수상은 겹겹의 산과 부드럽게 이어지는 해변을 가진 히우의 절경과 완벽하게 어울렸다. 그리고 도시의 고된 삶에 지친 이들에게 언제나 신의 축복과 위로를 건네주었다. 그러니 슬픈 역사와 축복의 문화를 모두 가진 히우와 가장 잘 어울리는 것 아닐까.

다시 가슴 뛰고 싶다면 브라질

히우로 떠난 두 번째 여행. 6개월 만에 다시 방문한 도시는 2016 리우 올림픽으로 분주했다. 공항에는 이방인을 환영하는 팻말이 크게 걸렸고, 안내 직원들과 무장한 군인들이 곳곳에 배치되었다. 확실히 전보다 들떠 있었다. 마음 같아서는 우리나라 대표팀 선수들의 경기까지 직접 보고 싶었지만 연일 히우의 불안한 치안 소식이 뉴스에 나오는 터라 조심하기로 했다. 그래도 생각보다 도시는 평온했고, 각국 선수단이 도착해서인지 올림픽은 시작한 것과 다름없었다.

다음 날 예수상을 보러 올라갔는데 유독 방송용 카메라 장비와 올림픽 AD카드를 가진 사람들이 많았다. 그곳에서 우연히 케냐에서 왔다는 육상선수와 인사를 나누었다. 그리고 며칠 뒤, 개막식 중계에서 그녀를 찾을 수 있었다. 올림픽 역사상 처음 꾸려진 난민 대표팀의 책임을 맡은 전설의 마라토너, 테글라 로로페^{Tegla Loroupe}였다. 그저 몇 마디 인사를 나누고 사진을 함께 찍은 것이 전부였는데도 무척 신기하고 반가웠다.

2016 리우올림픽은 올림픽 역사상 최초로 남아메리카 대륙에서 열렸다. 개막 전에는 미흡한 준비와 불안한 치안으로 많은 염려를 안겼지만 대회는 무사히 치러졌고 특히 저예산으로 최대의 효과를 내며 화려하게 브라질을 나타낸 개막식 행사에 전 세계인의 찬사가 이어졌다. 인디오, 백인, 흑인, 아시아인 등 세계 각국의 이민자가 모인 브라질에 대해 잘 풀어낸 덕분이었다. 정치적, 경제적으로 불안정한 시국이지만 축적된 문화적 내공도 있었다.

남미의 가능성을 확인하고, 난민까지 보듬으며 대회를 마쳤으니 그래도 이정도면 성공적인 올림픽이었던 것 아닐까. 2016 리우 올림픽의 슬로건처럼 앞으로 브라질에 '새로운 세계^{New World}'가 열리기를 기대해본다.

빵지아수까

　예수상에서 바라본 히우의 경치에서 내 시선을 가장 사로잡았던 빵지아수까. 이제 그곳으로 가 볼 차례다. 서둘러 입장해 케이블카를 탔다. 서울 남산처럼 여러 사람이 동시에 서서 타는 케이블카였다. 우우웅. 케이블카는 작은 기계음을 내며 미끄러지듯 올라갔다. 유리 너머로 푸른 바다와 곳곳에 떠 있는 돌산, 해변에 즐비한 야자나무들이 보였다. 이국적인 풍경에 가슴이 두근거렸다. 아이도, 어른도 모두 동심의 세계로 돌아가는 마법이 시작되었다.

　역사학자 비에이라 파젠다^{Vieira Fazenda}에 따르면 빵지아수까^{Pão de Açucar}라는 이름은 브라질의 사탕수수 산업에서 유래했다고 한다. 16~17세기 브라질에서는 사탕수수에서 추출한 설탕의 원료를 뾰족하게 구운 토기에 담아 포르투갈로 운송했다. 이때 토기에 담긴 설탕덩어리의 모습이 까리오까 해변의 돌산과 닮았기 때문에 빵지아수까라는 이름을 가지게 되었다. 화강암으로 된 396m의 우뚝 솟은 봉우리는 이름처럼 깎아놓은 것 같았다.

　빵지아수까에 오르기 위해서는 케이블카를 두 번 타야한다. 먼저 212m의 우르카 언덕^{Morro da Urca}에 오르고, 다시 빵지아수까로 가는 케이블카를 탑승한다. 우르카 언덕에서 바라보는 히우의 바다는 그저 파랗다는 말로는 표현하기 힘들 정도로 아름다웠다. 하얀 모래사장이 끝없이 펼쳐져 있고, 보타포구^{Botafogo}

에는 수많은 요트가 떠 있었다. 해안을 따라 높다란 빌딩들이 빈틈없이 들어서 있고, 그 너머 산자락에는 파벨라가 깨알같이 자리했다. 그리고 코르코바두 산 꼭대기에 우뚝 서 이 모두를 내려다보는 예수상이 있었다. 왜 사람들이 히우를 '경이로운 도시'라고 하는지, 왜 세계에서 가장 아름다운 항구라고 부르는지 비로소 이해할 수 있었다. 이 도시에 오고도 깊이 와 닿지 않던 히우의 멋과 낭만이 무엇인지 드디어 알 수 있었다.

우르카 언덕 한쪽에는 케이블카 두 대가 진열되어 있었다. 현재 운행하는 케이블카 텔레페리코^{Teleférico}와 초창기 모델인 봉지뉴^{Bondinho}였다. 봉지뉴는 도시를 달리던 트램 Bonde에 '작다'는 뜻의 접미사인 '-nho'를 붙여 만든 단어다. 이름처럼 빵지아수까를 향해 달리는 작은 열차인 셈이다. 1908년, 아우구스토 페헤이라 하모스^{Augusto Ferreira Ramos}는 빵지아수까에 케이블카가 놓이면 어떨까하는 생각을 했다고 한다. 1912년, 스페인과 스위스에 이어 세계에서 세 번째로 케이블카가 운행되며 도시의 명물이 되었다. 빵지아수까에 케이블카를 놓겠다

는 그의 작은 생각이 그야말로 신의 한수였던 것이다.

다시 케이블카를 타고 빵지아수까로 향했다. 뾰족한 돌산 꼭대기는 좁았지만 이 도시를 한눈에 볼 수 있었다. 도시를 바라보는 예수상 아래로 초록빛 산과 눈이 부시게 빛나는 해변, 그리고 해안가에 자리한 고층빌딩과 중심에 끼지 못한 이들이 쫓겨가 만든 파벨라까지. 경이롭다는 찬사를 듣기에 조금도 부족함이 없었다. 그렇게 난 한참동안 히우를 바라보았다. 하염없이 보고만 있어도 지루하지 않았다. 그저 바라만 보아도 꿈을 꾸는 듯 좋아서, 이 산을 내려가고 나면 히우라는 마법에서 금세 깨어날 것만 같아서 난 움직일 수 없었다. 대신 크게 심호흡을 했다. 경이로운 도시, 히우의 숨결이 내 안에 가득 채워지도록. 여행이 끝나고 다시 돌아갈 내 일상도 조금 더 로맨틱해질 수 있도록. 그렇게 내 안에 히우를 담았다.

이파네마에서 온 소녀와 보사노바

브라질 히우의 마라카낭 경기장에서 열린 2016 리우 올림픽 개막식. 세계적인 브라질 모델, 지젤 번천이 등장했다. 어둠 속에 홀로 선 그녀는 당당하고 화려한 워킹으로 넓은 경기장을 수놓았다. 유명한 '이파네마에서 온 소녀'의 노래에 맞춰.

'이파네마에서 온 소녀 Garota de Ipanema'는 브라질의 작곡가 안토니오 카를로스 조빙 Antonio Carlos Jobim (별칭 톰 조빙)과 유명 시인 비니시우스 지 모라이스 Vinicius de Moraes가 1964년에 발표한 곡이다. 비틀즈의 'Yesterday'에 이어 빌보드 차트 2위에 오르며, 전 세계에 보사노바 열풍을 일으켰다.

보사노바 Bossa Nova는 1950년대 브라질에서 탄생한 음악 장르로 브라질의 삼바와 미국의 재즈가 융합되어 만들어졌다. 삼바의 빠른 템포를 걷어내고 애잔한 감성을 살려 재즈풍으로 탄생시킨 보사노바는 이후 브라질을 넘어 미국과 전 세계에서 선풍적인 인기를 얻었다.

보사노바 음악에는 듣는 이의 마음을 살랑이게 하는 감성이 살아있다. 비니시우스 지 모라이스와 같은 시인들이 적어 내려간 시적인 노랫말 때문이기도 하고, 라틴 특유의 리듬감을 서정적으로 그려낸 멜로디 때문이기도 하다. 듣고 있으면 한없이 마음이 고요해지고, 이상하리만치 조금 슬프기도, 보고 싶은 이가 그립기도 하다. 설레는 봄바람 같은, 때로는 서늘한 가을바람 같은 음악. 보사노바는 언제나 이렇게 우리 마음을 간질인다.

인생 사진을
찍고 싶다면

브라질에는 200년이 넘은 식물원이 있다. 1808년 포르투갈 왕실의 정원으로 만들어진 히우지자네이루 식물원 Jardim Botânico do Rio de Janeiro 이다. 오랜 역사를 가진 만큼 이곳에서는 넓은 대지에 심어진 6,000종 이상의 풀과 나무를 만날 수 있다.

히우에 두 번째로 갔던 날, 우리는 제일 먼저 식물원으로 향했다. 입구에서 우리는 하얀 드레스를 입은 브라질 신부와 턱시도를 차려입은 신랑을 만났다. 아마도 이곳에서 웨딩 촬영을 한 모양이었다. 직접 보지 않았지만 어디에서 촬영을 했을지 대번에 짐작 가는 곳이 있었다. 바로 식물원의 대왕 야자나무 길이다. 하늘을 향해 곧게 뻗은 대왕 야자나무가 나란히 서 있는 길은 똑바로 보아도, 고개를 들어 위를 보아도 멋졌다. 그러니 히우 식물원의 엠블럼에도 야자나무 그림이 들어가지 않았을까.

"얘들아, 봤어?"
"응. 저게 뭐야?"
"글쎄, 뭐지? 다람쥐인가? 아니, 청설모인가?"

세상에! 원숭이다. 무슨 원숭이가 저렇게 작지? 생전 처음 보는 작은 원숭이에 깜짝 놀랐다. 브라질에서 살며 우리는 종종 원숭이를 볼 수 있었다. 우리가

다시 가슴 뛰고 싶다면 브라질

살았던 집은 정원이 있는 단독주택이었는데 뒷마당에 원숭이나 카피바라가 가끔 들어왔다. 우리 집 마당에는 라임나무 말고는 과실수가 없어 금세 옆집으로 가버렸지만 정원에 망고나 바나나나무를 심은 이웃집에는 종종 나타나 열매를 먹고 간다고 했다. 아침이면 앵무새 우는 소리에 잠이 깼고, 공원에는 닭과 거위, 강아지만한 도마뱀과 카피바라가 어슬렁거렸다. 브라질에서는 날 것 그대로의 자연과 참 가까이 살았다.

히우 식물원도 마찬가지였다. 오래 전 왕실 정원으로 시작된 만큼 아름답게 잘 가꾸어져 있었지만 인위적인 느낌은 들지 않았다. 세월이 느껴지는 무성한 숲과 나무도, 운치 있는 호수도 가장 자연적인 브라질의 모습 그대로였다. 또 원숭이와 같은 작은 동물들을 심심치 않게 만날 수 있었고, 식물원의 레스토랑에서는 건강한 음식들로 행복한 시간을 보낼 수 있었다. 고요하고 평화로운 자연 속에서 지친 몸과 마음을 잠시 쉬고 싶다면, 그리고 대왕 야자나무 길에서 깜짝 놀랄만한 인생 사진을 남기고 싶다면 히우 식물원은 꼭 한 번 들러볼만하다.

히우에서 인생 사진을 찍을 수 있는 또 하나의 명소는 셀라론의 계단^{Escadaria} Selarón이다. 이곳은 히우의 산타 테레사 마을로 올라가는 계단에 2천여 개의 타일을 붙여 완성한 곳이다. 칠레 출신의 예술가 조지 셀라론^{Jorge Selarón}은 1990년부터 이곳에 브라질을 상징하는 노랑, 초록 타일을 붙이기 시작했다. 그의 재미난 작업 소식에 전 세계 각지에서 도착한 타일들이 이곳의 계단과 벽을 가득 채웠다. 곧 도시의 명소가 되었다.

내비게이션이 안내해주는 대로 셀라론의 계단을 찾아갔지만 둘러보아도 특별한 곳은 보이지 않았다. 그저 평범한 사람들이 사는 브라질의 흔한 동네였다. 하지만 지도를 보며 조금 걷자 이내 왁자지껄한 사람들의 소리가 들려왔다. 건물 모퉁이를 돌자마자 휘황찬란한 계단이 눈앞에 나타났다. 마을로 향하는 가파른 계단에는 브라질의 상징과도 같은 노랑, 초록 타일이, 좌우 벽면에는 빨간 타일이 가득 덮여 있었다. 그 사이마다 각지에서 보냈다는 알록달록한 그림의

타일들이 자리하고 있어 방금 전에 느꼈던 으슥한 브라질 뒷골목의 느낌은 전혀 들지 않았다.

우리 말고도 찾아온 사람들이 많아 잠시 순서를 기다렸다 사진을 찍었다. 이제 해야 할 일이 하나 더 남았다.

"얘들아, 태극기가 어디에 있는지 찾아볼까?"

이 많은 타일 중에서 과연 태극기를 찾을 수 있을까. 그런데 그때! 벽면에서 태극기가 그려진 타일을 발견했다. 머나먼 브라질에서 태극기를 만나다니. 무척 반가웠다. 보물찾기라도 한 것 같은 기분에 모두 신이 났다.

탑처럼 쌓은 벽면 꼭대기에는 'Eu Te Amo(나는 당신을 사랑합니다)'라고 쓰여 있었다. 어디에서나 흔히 듣는 문구지만 식상하기는커녕 마음이 따뜻해

다시 가슴 뛰고 싶다면 브라질

지는 것 같았다. 온통 빨간 타일로 채워놓아서일까. 처음에 가졌던 서늘한 경계심은 사라지고 여행자들의 환한 미소가 주는 밝은 기분만 남았다. 하지만 동시에 평범한 브라질 뒷골목과 해변에서 보았던 고급스러운 호텔과 별장의 모습이 교차하며 묘한 기분이 들었다. 정확하게 설명할 수는 없었지만 색다른 반전이 공존하는 도시인 것만은 분명했다.

브라질의 영화감독, 페르난도 메이렐레스^{Fernando Meirelles}와 카티아 룬드^{Kátia Lund}는 2002년에 개봉한 영화 '시티 오브 갓^{Cidade de Deus}'을 통해 1960~1970년대 브라질 히우의 빈민촌에 대해 이야기 한다.

"머무른다면 잡힐 것이고, 도망친다면 먹힐 것이다(Se Ficar, O Bicho Pega, Se Correr, O Bicho Morde)!"라는 영화 카피처럼 영화는 빈민촌의 실상을 낱낱이 폭로한다. 아이들은 장난감 대신 총을 가지고 놀고, 죄의식 없이 강도짓을 한다. 마약에 빠지기도 하고, 총을 든 자들은 세력 다툼을 통해 권력을 가진다. 경찰도, 정부도 개입하지 못하는 그들만의 세상이다.

치안이 좋지 않은 브라질에서 가장 위험하다고 여겨지는 곳이 바로 이런 빈민촌, '파벨라^{Favela}'다. 브라질 경제가 급성장하고 도시가 팽창하던 시기, 대도시에는 많은 사람들이 몰려들었다. 하지만 일일 노동자를 전전하며 주류 사회에 편입할 수 없었던 이들은 도시의 외곽에 자리를 잡았다. 벽돌을 쌓아 만든 집은 극빈층의 거주지가 될 수밖에 없었고, 총과 마약을 지닌 범죄자들의 터전이 되었다. 정부의 방관 속에 범죄자들의 세력은 점점 커져 이제는 공권력으로 제압하기 힘든 우범 지대가 되어 버렸다.

영화 제목이기도 한 '신의 도시'는 실제 히우에 존재하는 파벨라다. 브라질 근대화시기에 수도였던 히우에는 이런 파벨라가 특히 많은데, 그 중에서도 유명한 곳으로 영화가 묘사한 것처럼 폭력과 전쟁이 난무하는 사회 하층민들의 세계다. 물론 브라질의 모든 파벨라가 이렇게 마약과 범죄에 연루된 것은 아니지만 어디든 외부인에게는 위험하다. 심지어 그곳에 거주하는 이들에게도 안전하지 않다. 부모가 일하러 나간 빈 집에서 아이들이 범죄의 표적이 되기도 하고, 제대로 된 교육을 받지 못해 빈곤의 굴레를 벗어나지 못한다. 파벨라 출신의 아이들이 브라질에서 성공하는 길은 축구선수와 모델밖에 없다는 말이 괜히 나온 것이 아니다.

영화는 화려한 영상미와 세련된 음악을 선보이며 칸 영화제 비경쟁 부문에 초청되었고, 아카데미 영화제에서 4개 부문에 후보로 이름을 올렸다. 전 세계적으로 흥행에 성공했고, 감독은 단숨에 스타가 되었다. 하지만 영화가 묘사했던 브라질의 현실은 여전히 참담하다. 허구라 믿고 싶은 이야기가 현실이라는 사실이, 극에 등장한 배우들 대부분이 실제 파벨라에서 발탁되었다는 뒷이야기가 더욱 가슴을 아프게 한다.

브라질에서 도시를 오가다보
면 파벨라를 쉽게 발견할 수 있
다. 처음에는 비록 허물어져 가
는 모습이지만 알록달록하게 채
색된 집들이 독특하고 아름답게
느껴진 적도 있었다. 어두운 밤
이 될수록 밝게 빛나는 파벨라
의 불빛들이 꽤 감상적으로 보
이기도 했다. 하지만 영화를 통
해, NGO 활동을 하는 이들의 이야기를 통해 그 안의 실상을 들여다보고
나니 전과 같은 눈으로 볼 수 없게 되었다. 최근 브라질 정부는 이들의 삶
을 개선하기 위한 노력을 시작하였다고 한다. 파벨라 아이들에게 범죄의
온상이자 열악한 삶의 터전인 그곳을 벗어날 수 있는 탈출구가 하루빨리
마련되기를 기대한다.

브라질
카니발

브라질을 떠올리면 빠질 수 없는 것이 포르투갈어로 '까나바우'라 부르는 브라질의 축제, 카니발[Carnaval]이다. 브라질의 카니발은 16세기 포르투갈의 식민 지배와 함께 시작되었다. 당시 유럽의 가톨릭 국가에는 사순절이라는 절기가 있었다. 그리스도가 부활하기 전 40일 동안 금식한 것을 기념하며 금욕적인 생활을 하는 것인데, 이 기간을 앞두고 3일간 풍족하게 먹고 즐기던 것이 바로 카니발이다. 포르투갈에서 '엔트루두[Entrudo]'라 부르던 것이 브라질로 넘어와 아프리카 흑인 노예와 인디오 원주민의 전통과 결합하며 카니발로 정착되었다고 한다. 브라질에서는 카니발 동안 신분이나 남녀의 구분 없이 즐기며 하층민들의 억눌린 욕구를 분출하고 해소할 수 있었다.

19세기 들어 카니발은 음악에 맞춰 춤을 추며 거리 행렬을 즐기는 형태로 발전했다. 브라질 북동부 바이아 지방 아프리카 흑인 노예들의 민속춤이었던 삼바가 히우에 유입되며 나타난 결과였다. 3일간의 카니발 기간 동안 히우지자네이루, 상파울루, 살바도르, 헤시피 등 4개 도시를 중심으로 브라질 전역에서 크고 작은 퍼레이드와 축제가 끊이지 않는다.

1984년, 히우에는 카니발을 위한 전문 공연장, 삼보드로무[Sambódromo]가 건축되었다. 총 9만 명을 수용할 수 있는 거대한 공연장에서 수십 개의 삼바 스쿨

공연팀이 경연을 펼친다. 이를 위해 삼바 스쿨은 일 년 동안 준비한다. 브라질의 역사나 사회 풍자 등의 주제를 정해 음악과 의상을 만들고, 거대한 퍼레이드카를 꾸미며, 춤과 노래를 연습한다. 퍼레이드 카를 맡은 사람부터 행렬의 맨앞에서 삼바 스쿨의 깃발을 들고 입장하는 댄서에 이르기까지. 경연에 참여하는 모두가 오직 이 순간만을 위해 일 년 간 구슬땀을 흘린다. 상위권으로 입상하면 상금도 주어지지만 그보다는 자신의 기쁨과 성취를 위해 그들은 시간과 노력을 다한다. 삼바의 리듬이 그들의 심장을 이토록 뛰게 하는 것이다.

가슴 뛰는 삼바와 카니발의 매력은 전문 댄서뿐 아니라 브라질 전 국민을 사로잡는다. 카니발 기간 동안 모두 거리로 쏟아져 나와 일상에서 해방된 기쁨을 맛본다. 화려한 옷을 입고, 색색의 종이테이프와 종이가루를 서로에게 뿌리며. 먼 옛날 흑인 노예들이 자신을 옥죄는 신분의 탈을 단 며칠만이라도 벗어버렸던 것처럼 기쁨을 만끽하는 자유와 해방의 시간이다. 전 세계인들이 브라질의 카니발에 열광하는 것은 어쩌면 그들이 보여주는 화려한 옷차림과 현란한 춤, 음악 때문만은 아닐 지도 모른다. 여전히 팍팍하고 고된 현실, 우리를 가두는 사회적 규범, 체면치레 같은 것을 훌훌 벗어버리고 싶어서. 그 모두를 잊고 오로지 리듬에 몸을 맡길 수 있는 브라질 사람들의 뜨거운 심장을 조금은 닮고 싶어서. 그래서 브라질 카니발에 열광하는 것은 아닐까. 브라질의 카니발은 언제나 뜨겁다.

신명나는 타악 반주, 구성진 목소리, 절로 어깨를 들썩이게 하는 리듬. 이 세상에 삼바만큼 흥겨운 음악이 있을까. 브라질의 음악을 넘어 문화의 중심에 삼바Samba가 있다. 바이아 지역 흑인 노예들의 음악과 춤이었던 삼바는 19세기, 히우에 유입되며 본격적으로 성장하게 되었고, 매년 1~2월 사이에 열리는 카니발과 결합하며 카니발 축제를 화려하게 장식하는 음악으로 자리 잡게 되었다. 또 삼바 스스로 독자적인 대중음악이 되었을 뿐 아니라 세분화되어 다양한 형태로 발전하였다.

하지만 흥겨운 리듬과 다르게 삼바는 브라질의 슬픈 역사에서 비롯되었다. 사탕수수 농장의 부족한 노동력을 채우기 위해 유입된 아프리카 흑인 노예들은 견디기 힘든 노동과 핍박의 아픔을 음악으로 달랬다. 그들이 나고 자란 본토, 아프리카의 음악이었다. 그리고 자신들만의 몸짓으로 흥을 돋우었다. 이것이 삼바다.

그래서 흥이 넘치는 삼바에 깔리는 기본 정서는 슬픔이다. 빠른 템포와 강렬한 북소리에 맞춰 브라질의 역사와 문화를 노래하지만 오늘의 삼바를, 그리고 브라질을 있게 한 흑인 노예들의 정서가 늘 함께 하기 때문이다. 그들이 있었기에 지금의 브라질이 존재하고, 브라질의 문화가 화려하게 꽃피울 수 있었다. 그러니 슬프지만 축복이라 말할 수 있다. 이 땅에서 그들이 만들어간 삼바가, 역사가 그렇다. 삼바는 브라질의 역사와 무척이나 닮았다.

좋은 삼바는 기도와 같아요.
왜냐하면 삼바에는 슬픔이 깃들어 있으니까요.
슬픔은 항상 희망을 갖죠.
언젠가 더 이상 슬프지 않을 것이라는.
-비니시우스 지 모라이스, '축복의 삼바(Samba da Bênção, 1962)' 중에서

히우지자네이루를
떠나며

삼바, 카니발, 보사노바, 축구. 많은 이들에게 '브라질'을 생각하면 가장 먼저 떠오르는 것들이다. 여기에 더해 다양한 인종, 대서양의 푸른 해변, 여러 대륙의 식문화가 혼합된 독특한 음식까지. 브라질의 매력이라 꼽히는 많은 것들이 히우에서 꽃을 피웠다.

이 도시가 브라질 문화의 중심이 될 수 있었던 것은 브라질 역사의 빛과 어두움을 모두 경험했기 때문일 것이다. 낯선 백인들이 이 땅을 차지했고, 수많은 아프리카 노예들이 이곳을 거쳐 갔다. 풍요가 흐르는 땅에서 얻은 많은 것들이 허무하게 빠져나가 버렸다. 이 땅의 거주민들은 배를 곯았다. 끝없는 모순과 궁핍의 역사 속에 서러운 세월들이 쌓여갔다. 하지만 이곳 사람들은 슬픔을 기쁨으로, 허무를 흥으로 바꿀 수 있었다. 그들은 고단함이 더해갈수록 신명나게 삼바를 췄고, 좌절의 순간에는 노래를 불렀다. 흑인과 백인, 노예와 주인, 슬픔과 기쁨, 좌절과 성취. 공존할 수 없는 것들이 한데로 융합되는 신기한 마법이 펼쳐졌다.

여전히 브라질의 하층민들은 사회의 뒷골목, 파벨라의 음침한 곳에서 힘겨운 삶을 이어간다. 부유한 이들은 이파네마의 하얀 백사장이 내려다보이는 곳에 화려한 저택을 짓고 살아간다. 납득하기 어려운 모순 같은 삶이 여전히 브라질에는 만연하다. 그럼에도 불구하고 브라질의 오늘은 그리 우울하지 않다. 이곳은 언제나 축제의 나라다. 그 까닭을 달리 설명할 방법이 없다. 그저 여기가 브라질이라는 것 외에는.

히우에서는 도시 어느 곳에서도 예수상을 볼 수 있었다. 그는 말없이 두 팔을 벌린 채, 높은 산꼭대기에 서 있었다. 화려한 파티가 일상인 이들을 향해서도, 하루하루 먹고 살기가 힘겨운 이들을 향해서도. 무게는 다를지언정 이 세상 누구에게나 찾아오는 삶의 고뇌와 깊은 한숨을 다 이해한다는 듯이 그는 그렇게 서 있었다. 어쩌면 그래서 이 도시가 이토록 빛나는지도 모른다. 현실의 고통을 도리어 즐겁게 이겨낼 수 있게 하는 신의 사랑이 가득하기 때문에. 저마다의 슬픔을 말없이 안아줄 수 있는 그가 함께 하기 때문에. 히우지자네이루는 언제나 빛나고 있다.

다시 가슴 뛰고 싶다면 브라질

São Paulo

상파울루

커피의 나라가 되다

상파울루의
얼굴들

우리는 브라질에서 사는 동안 참 많이 상파울루에 갔다. 단 한 번도 수도였던 적이 없지만 많은 사람이 그렇게 착각할 정도로 브라질을 대표하는 바로 그 도시다.

브라질 동남부에 위치한 상파울루$^{São Paulo}$ 주는 브라질 전체의 약 3%에 해당하는 24만km²의 면적이지만 인구의 약 20%인 4천만 명 이상의 사람들이 모여 살고 있다. 우리나라의 전체 면적이 약 10만km², 인구 약 5천만 명이라는 것을 떠올려보면 얼마나 거대한지 상상이 된다.

역사적으로 브라질의 대표 도시들은 경제의 흐름과 밀접한 관련이 있다. 사탕수수 재배지였던 살바도르는 브라질의 첫 수도였다. 미나스제라이스에서 금광이 발견된 18세기에는 금을 포르투갈로 운송하던 히우지자네이루가 두 번째 수도가 되었다. 19세기, 금이 고갈된 후에는 상파울루 일대의 커피 생산량이 급증하고 유럽과 북미의 커피 수요가 늘며 상파울루가 브라질 경제의 중심이 되었다. 동시에 관련 산업의 기계화, 수출을 위한 인프라 구축이 이루어지며 상파울루는 다양한 상공업이 발전했다. 현재 상파울루 주는 브라질 전체 GDP의 약 35%를 생산하며, 그 중심에 상파울루 시가 있다.

　브라질의 도시는 행정구역상 바이후 Bairro 로 다시 구분한다. 한국의 '구'와 비슷한 개념으로 각 바이후마다 그 지역의 특징이 있다. 상파울루 시의 바이후 중 파울리스타 Paulista 는 상파울루의 금융 기관들이 밀집해 있는 곳이다. 이곳이 처음 형성되었던 1891년 당시에는 부유한 커피 농장주들이 모여 살았지만 지금은 은행, 대사관 등 주요 관공서와 기업들이 들어서 있다. 2.8km에 달하는 왕복 8차선의 파울리스타 대로 Avenida Paulista 주변으로 크고 작은 고층빌딩과 고급 레스토랑이 가득하고, 깔끔한 차림의 직장인들이 언제나 바쁘게 걸음을 옮긴다.

　"어, 나 저 건물 책에서 봤어. 저기 삼각형으로 생긴 건물 말이야."
　"아, 저거? 저게 피에스피 FIESP 야."

　상파울루 여행책 표지에서 보았던 건물이 눈앞에 나타났다. 한쪽으로 기울어진 삼각형 모양을 하고 있는 독특한 건물. 상파울루 경제인연합회 FIESP 다. 상파울루 책 표지가 파울리스타 대로였다니. 브라질에서 놀 줄 모르고 바쁘게 일하는 상파울루 사람들을 파울리스타누 Paulistano 라 부르는 것도 같은 맥락 아닐까. 파울리스타는 브라질 전체를 먹여 살린다고 해도 과언이 아닌 상파울루의 얼굴이자 브라질의 오늘을 가장 잘 볼 수 있는 곳이다.

우리는 상파울루를 대표하는 공원에도 자주 다녔다. 뉴욕 맨해튼에 센트럴파크가 있다면 상파울루에는 이비라뿌에라 공원Parque Ibirapuera이 있다. 상파울루시 400주년을 기념하여 조성한 공원으로 1954년 시민들에게 처음 공개되었다. 면적이 자그마치 158km²로, 여의도의 약 19배에 달하는 엄청난 규모다.

센트럴파크가 그러하듯 이비라뿌에라 공원에도 시민들을 위한 여러 시설이 있다. 공연장, 천문관, 현대미술관, 아프로 브라질 박물관과 상파울루 비엔날레 전시관이 있다. 호수 주변으로 산책로와 자전거도로가 잘 마련되어 있고, 넓은 공터인 마르키지Marquise는 스케이트와 보드를 타는 시민들로 늘 붐빈다. 무척 넓은데다 다양한 볼거리가 있다.

공원 안으로 들어가자 독특한 건물이 하나 둘 나타나기 시작했다. 우주선처럼 생긴 OCA 컨벤션센터와 마당에 설치미술 작품들이 전시된 상파울루현대미술관Museu de Arte Moderna de São Paulo이 있었고, 조금 더 걷자 'Bienal'이라 적힌 전시관이 나타났다. 상파울루 비엔날레Bienal de São Paulo가 곧 이곳에서 열리는 모양이었다. 베니스, 휘트니와 함께 세계 3대 비엔날레 중 하나로 꼽히는 상파울루 비엔날레는 남미와 브라질의 미술을 전 세계에 선보이는 중요한 창구이자 브라질의 현대미술이 발전하는 계기가 된 전시다. 입구에는 2년마다 열렸던 모든

다시 가슴 뛰고 싶다면 브라질

전시의 포스터와 설명이 붙어 있었다. 첫 번째 비엔날레가 1951년이라니. 우리는 해방된 기쁨을 마음껏 누릴 새도 없이 겪은 한국전쟁으로 폐허가 되었을 때가 아니었나. 하긴 이 공원이 처음 조성된 것이 1951년이라고 하니 어색할 것도 없었다.

공원을 계속 걷다보니 그늘진 넓은 공터, 마르키지가 나타났다. 많은 사람들이 이곳에서 스케이트보드나 인라인스케이트를 타고 있었다. 그러고 보니 공원 안에서 자전거를 타는 사람들을 많이 볼 수 있었는데 같은 자전거가 꽤 많았다. 설마 여기에 자전거 대여소가 있는 것은 아닐까?

"혹시 여기 공원에서 자전거도 대여해주나요?"
"네, 맞아요. 저쪽 아래 게이트로 가면 빌릴 수 있어요."
"아, 감사합니다."

친절한 브라질 사람이 위치를 알려주었다. 아이들의 발걸음이 점점 더 빨라졌다. 알려준 곳으로 걷자 자전거 대여소가 나타났다. 가격은 1시간에 7헤알 (약 2,000원). 아직 두발 자전거를 타지 못하는 아이들이라 보조바퀴가 달린 자전거로 두 대를 빌렸고, 유니폼을 입은 직원은 아이들의 키에 맞춰 안장 높이를 조절해주었다. 자, 출발이다!

신이 난 아이들이 씽씽 달렸다. 공원 안에 넓은 자전거 도로가 있어 마음 놓고 달릴 수 있었다. 도로 좌우에는 긴 세월 이 공원을 지켰을 여러 종류의 나무들이 가득 했고, 아이들의 머리 위로 천연 그늘을 만들어 주었다. 우리처럼 자전거나 보드를 타는 사람들, 고요한 호숫가나 넓은 잔디밭에 돗자리를 깔고 앉아 한가로운 오후를 즐기는 사람들도 있었다. 가장 많은 것은 역시 달리는 사람들이었다. 상의를 벗은 채 달리는 건장한 남자들부터 활동하기 좋은 레깅스를 입고 뛰는 여자들, 백발의 노부부와 아이들까지 모두 가볍게 달리고 있었다. 더 없이 한가로운 주말 오후의 상파울루 풍경이었다.

처음에는 어색하기만 했던 이 풍경 속으로 어느 새 우리도 자연스레 녹아들어갔다. 따스한 볕과 선선한 바람, 이비라뿌에라 공원의 울창한 숲이 우리와 함께 했다. 상파울루의 역사와 함께 해온 이비라뿌에라 공원에는 언제나 이렇게 소소한 행복과 쉼이 가득하다.

상파울루의 오늘을 잘 볼 수 있는 곳이라면 전망대도 빼놓을 수 없다. 상파울루의 센트로를 지날 때면 언제나 정면에 우뚝 솟은 빌딩이 보였다. 꼭대기에 꽂은 상파울루 주기가 휘날리는 새하얀 고층빌딩은 네모 반듯 각진 모습이 마치 뉴욕의 엠파이어스테이트 빌딩을 떠올리게 했다. 어느 날, 상파울루에도 전망대가 있지 않을까 하는 생각이 들어 검색하는데 낯익은 건물이 나타났다.

"와, 여기 봐봐. 우리 맨날 상파울루 갈 때마다 주기 꽂혀 있는 하얀 빌딩 봤었잖아. 거기 꼭대기에 전망대가 있대. 와, 진짜 신기하다. 여기 가보자."

그곳은 아우치누 아란치스 빌딩^{Edifício Altino Arantes}이었다. 35개 층으로 이루어진 높이 161m의 고층빌딩으로 1960년까지 남미에서 가장 높은 건물이었다고 한다. 상파울루주립은행^{Banco do Estado de São Paulo}으로 건축되어 간단히 바네스파^{Banespa} 빌딩이라고도 한다. 현재는 산탄데르 기업이 인수해 파롤 산탄데르^{Farol Santander}가 되었다. 이름도 바뀌고 가장 높지도 않지만 아르데코 건축 양식에서 뿜어져 나오는 위용은 여전히 최고다.

전망대는 건물 26층에 있었다. 좌우 양쪽에 전망대가 있어 상파울루의 전경을 360°로 감상할 수 있었다. 마침 하늘이 파랗고 날씨가 좋아서 도시의 모습이 한눈에 들어왔다. 쎄 성당, 메르까두 시장, 파치오 성당. 오밀조밀 모여 있는 건물 사이에서 상파울루의 명소들을 찾아보았다. 확실히 구도심인 센트로는 건물의 높이도, 도로와 구획 정리도 무질서해보였다. 브라질 사람들을 닮은 듯한 도시의 모습에 나도 모르게 웃음이 나왔다.

다시 가슴 뛰고 싶다면 브라질

전망대에서 실컷 감상한 후에는 카페에 앉아 시원한 커피와 달콤한 케이크도 먹고, 한 층씩 내려오며 여러 주제의 전시도 감상했다. 층마다 볼거리가 풍부해서 아이들도, 어른들도 즐거운 시간을 보냈다.

아우치누 아란치스 빌딩은 예나 지금이나 센트로에서 독보적인 건물이다. 곧게 뻗은 직선으로 만든 새하얀 빌딩도, 세련된 감각으로 꾸민 전시실도 모두 아름답다. 무엇보다 상파울루 주기가 힘차게 펄럭이는 건물의 모습은 상파울루 도심을 지나는 사람 누구라도 돌아볼 수밖에 없으니 새롭게 지어진 이름처럼 이곳이 상파울루 도시를 밝히는 등대Farol라 해도 부족함이 없을 것이다.

이렇듯 상파울루에는 도시의 역사와 문화를 보여주는 다양한 곳들이 있다. 19세기 이후 발전을 거듭하며 브라질 경제의 중심이 된 도시, 가장 많은 사람들이 모여 사는 번화한 대도시, 상파울루. 브라질의 오늘을 가장 잘 볼 수 있는 곳에서 브라질 사람들과 일상을 함께 하는 특별한 경험을 해보는 것은 어떨까.

다시 가슴 뛰고 싶다면 브라질

이비라뿌에라 공원 입구에는 사람보다 더 큰 조각상인 반데이라 기념상 Monumento às Bandeiras이 있다. 반데이라 기념상은 1920~1954년에 완성된 빅토르 브레셰레Victor Brecheret의 작품으로 가로 43.80m, 세로 8.4m, 높이 11m에 달하는 거대한 조각상이다. 이 조각상의 주인공이 바로 반데이라다.

반데이라Bandeira는 1628년부터 내륙지방을 탐험한 원정대다. 포르투갈 출신의 백인들이 이끌었고 마멜루쿠(백인과 인디오의 혼혈)와 인디오 원주민 수천 명이 동원되었다. 탐험 초기에는 인디오를 포획해 노예로 삼고 새로운 영토를 얻는 것이 목표였다. 상파울루와 상비센치에서 출발해 아마존에 이르기까지 광대한 지역을 탐험해 현재의 3분의 1에 불과했던 브라질의 영토를 지금과 같이 확장시켰다. 이후 금을 찾는 것을 목표로 삼아 17세기 말에는 미나스제라이스에서 금을 발견하게 되었다.

상파울루 시민들은 스스로를 반데이라의 후예라 칭한다. 새로 만든 고속도로나 거리에 이름을 붙일 정도다. 브라질을 세계에서 다섯 번째로 넓은 나라가 될 만큼 영토를 확장한 것도, 금광을 발견해 부를 얻을 수 있게 한 것도 결국 반데이라였으니 자랑스러운 역사라 할 것이다. 무엇보다 탐험 과정에서 형성된 결속력으로 본국 포르투갈과는 분리된 정체성을 가지게 된 그들은 훗날 포르투갈에 대항해 독립운동을 전개하였으며, 독립된 국가로서 브라질이 새로운 역사를 써나가는데 큰 기반이 되었다. 그렇기 때문에 상파울루 시민들은 반데이라의 역사에 대해 자부심을 가지는 것이다. 그들이 써 내려간 탐험의 역사가 곧 상파울루의 역사이자 브라질의 찬란한 역사가 되었다.

브라질에서
커피를 마시는 방법

"혹시 시원한 커피 되나요? 카페라테에 얼음 넣어서요."
"네? 커피에 얼음이요?"

어느 날, 동네 빵집에 갔다. 그날따라 시원한 커피가 마시고 싶었다. 나의 갑작스러운 요청에 점원은 잠시 고민하더니 가능하단다. 하지만 잠시 후, 점원이 들고 온 것은 따뜻한 카페라테에 얼음만 넣은, 그래서 얼음이 모조리 녹아 따뜻하지도, 시원하지도 않은 맹숭맹숭한 커피였다. 거참, 시원한 커피 한 잔 마시기 참 어렵네.

브라질에서는 커피를 따뜻하게 마신다. 프랜차이즈 커피전문점에서 아이스커피를 팔기도 하지만 그것은 일종의 음료일 뿐. 브라질 사람들이 생각하는 '커피^{Café}'는 작은 잔에 담긴 진한 커피, '카페지뉴^{Cafézinho}'다. 카페지뉴는 주전자에 원두 가루와 물을 넣어 끓인 후, 가루를 걸러내고 따라 마시는 진한 커피다. 보통 여기에 설탕을 넣어 즐긴다. 보다 편리하게 마시기 위해 브라질 가정에서는 여과지에 원두 가루를 넣고 그 위에 뜨거운 물을 부어내리거나 커피메이커를 사용한다.

전통 방식의 카페지뉴와 더불어 뜨거운 온도와 압력으로 추출하는 에스프레소^{Expresso} 역시 브라질에서 인기가 많다. 현대적인 카페와 식당은 대부분 에스프레소 머신에서 추출한 커피를 판매한다. 여기에 우유를 넣은 카페라테는 브라질에서 카페꽁레이치^{Café com Leite}, 아메리카노처럼 연한 커피는 까리오까^{Carioca}라고 한다. 그 밖에 카페모카, 바닐라라테 등 다양한 커피 메뉴 역시 인기다. 에스프레소의 인기를 타고 손쉽게 커피를 추출하는 캡슐커피머신을 구입하는 브라질 가정도 많다.

브라질에서 커피를 마시는 방법에 대한 이야기 하나 더! 브라질 카페에서 커피를 주문하면 작은 초콜릿과 탄산수 한 컵을 함께 주는 곳이 많다. 달콤한 초콜릿 한 조각은 이해가 되었지만 왜 탄산수까지 주는지 알지 못했다. 아마도 커피를 마시고 난 후에 입가심을 하라고 주는 게 아닐까. 그런 내게 브라질 친구는 단호하게 말했다.

"커피를 마시기 전에 입안을 헹구라고 주는 거야. 그래야 커피의 맛을 제대로 음미할 수 있으니까."

커피를 진심으로 사랑하는 브라질 사람들답다는 생각이 들었다. 브라질 사람들에게 커피는 일상이다. 아침에 눈을 뜨면 진하게 내린 커피로 하루를 시작하고, 일하는 동안에도 수시로 마신다. 어딜 가나 입구에는 손님들을 위해 미리 내려놓은 웰컴 커피가 보온병에 담겨 있고, 식사 후에는 꼭 진한 커피로 입가심을 한다. 브라질 사람들에게 커피는 삶의 일부이자 동반자라고 해도 과언이 아니다. 그리고 브라질에서 살며 나 역시 브라질 커피의 진한 매력에 푹 빠져버렸다.

브라질 커피의 매력을 더 알고 싶어서 어느 햇살 좋은 날, 딸아이와 브라질 커피 농장에 갔다. 내가 좋아하는 브라질 커피가 어떻게 만들어지는지 직접 볼 수 있다니. 아이도, 나도 신이 났다. 친절한 인상의 브라질 가이드는 제일 먼저 커피 농장을 내려다볼 수 있는 꼭대기로 우리를 안내했다. 확 트인 벌판에 짙푸른 잎이 무성하게 달린 커피나무들이 줄지어 서 있었다. 싱그럽고 건강했다. 보

기만 해도 눈이 맑아졌다. 청명한 하늘과 따사로운 햇살, 붉은 토양, 건조한 기후. 이 모두가 브라질의 커피콩을 영글게 하는 천혜의 자연환경이다. 19세기 이래로 지금까지 브라질이 세계 최대 커피 생산지라는 설명에 절로 고개가 끄덕여졌다.

커피나무를 가까이서 보니 줄기마다 반짝이는 초록 잎과 탱글탱글한 커피열매가 빽빽하게 달려있었다. 신기하게도 열매는 제각기 다른 색을 띠고 있었다. 설익은 초록 열매, 탐스러운 빨강 열매, 수확의 시기를 놓친 듯 말라비틀어진 열매까지. 우리를 향해 가이드는 질문을 했다.

"여기 보면 커피열매의 색이 다르죠? 그 이유는 한 나무에서도 꽃이 피는 시기가 달라서 그렇답니다. 보통 세 차례에 걸쳐서 딱 이틀간 하얀 꽃이 피고, 지고 나면 열매가 맺혀요. 제일 먼저 꽃이 피었던 자리에 맺힌 건 이렇게 말랐고, 그 다음은 빨갛게 잘 익은 열매고요. 가장 마지막에 꽃이 핀 자리에는 초록 열매가 달렸네요. 그럼 이 중에서 어떤 것을 쓸까요?"

음, 당연히 잘 익은 빨간 열매 아닐까? 예상과 달리 가이드는 세 가지 열매를 모두 사용한다고 답해주었다. 사람의 손으로 일일이 딴 뒤, 기계를 이용해 종류

대로 분류하고 각기 용도대로 가공을 한단다. 덜 익은 것도, 붉게 익은 것도, 심지어 말라비틀어진 것과 껍질까지도 저마다 쓰임새가 있다고 했다. 생각할수록 신기했다.

그녀는 잘 익은 커피열매 하나를 따더니 반으로 쪼개 보여주었다. 작은 열매 안에 단단한 무언가가 있었다. 커피콩이다! 커피원두가 이렇게 안에 들어있구나. 하나씩 따서 맛을 보라는 이야기에 붉게 영근 열매를 몇 알 땄다. 아이와 하나씩 입에 넣어보니 은은한 단 맛이 느껴졌다. 그리고 단단한 원두만 남았다. 입에서 나온 원두의 익숙한 모습에 아이도, 나도 웃음이 터졌다.

커피농장을 모두 둘러보고, 처음 출발했던 리셉션으로 돌아왔다. 브라질 아주머니는 처음에 우리에게 내어주었던 웰컴 커피와 작은 초콜릿을 다시 준비해 주었다. 앙증맞은 커피 잔에 깊고 진한 브라질 커피가 담겼다. 브라질의 태양 아래, 빨갛게 익은 커피콩들이 건조와 로스팅을 거쳐 이렇게 한 잔의 커피가 되었으리라. 새삼 커피의 향이 더욱 진하게 느껴졌다.

브라질 커피와 관련이 깊은 또 다른 도시가 산토스Santos다. 산토스는 브라질 전체 수출입 화물의 약 60%가 지나는 대표 항구이자 브라질 커피 원두인 버본

다시 가슴 뛰고 싶다면 브라질

산토스Bourbon Santos에 이름이 붙여질 정도로 브라질의 커피 역사와 관련이 깊다. 브라질에서 생산된 막대한 양의 커피 원두가 산토스 항을 통해 전 세계로 뻗어 나갔고, 당시의 커피조합장은 커피 박물관이 되어 지금도 남아 있다.

그래서 운명처럼 산토스의 커피 박물관을 찾았다. 19세기 커피조합장이었던 건물은 군데군데 세월의 흔적이 남아 거무스름했지만 여전히 아름다웠다. 그 안에는 커피 경매가 이루어졌던 경매장이 고스란히 남아 있었다. 상인들이 앉았을 의자와 숫자가 적혔을 칠판. 그 자리에 남아있는 많은 것들이 지난 시간을 증명해보이고 있었다. 빛을 받아 더욱 빛나는 천장의 스테인드글라스와 벽면에 걸린 그림 역시 무척 아름다웠다. 전시실에는 커피와 관련된 도구와 브라질의 커피 역사를 보여주는 안내문이 빼곡히 자리했다.

19세기 이후 줄곧 전 세계 최대 커피 생산국인 브라질에서 커피 경작이 시작된 계기는 사랑인지, 유혹이었을지 모를 이야기에서 출발한다. 브라질의 커피는 1727년, 기아나Guiana를 통해 최초로 유입되었다. 당시 프랑스 식민지였던 기아나에서는 커피 묘목의 반출이 금지되었다. 기아나를 찾았던 브라질 군인, 프란시스코 지 멜루 빨례따Francisco de Melo Palheta는 기아나 총독 부인과 연인 관계가 되었는데 기아나를 떠나며 그녀에게 부탁해 커피 묘목과 종자를 조금 얻었다. 그는 브라질 북부의 파라Pará주로 돌아와 커피 경작을 시작했다. 커피 재배는 점차 브라질 남부로 확산되었고, 19세기 들어 최적의 자연환경을 가진 상파울루 일대에서 재배되면서 브라질의 커피 산업은 최고로 성장하게 되었다.

브라질의 커피 산업이 동남부 지역에 정착하면서 크게 성장한 까닭은 이 지역의 자연환경 때문이다. 이곳의 기후는 연중 온난하고 건조하다. 특히 커피 경작에 유리한 붉은 토양, 테라로사가 풍부하다. 이러한 자연 조건 덕분에 브라질은 고산 지대가 아님에도 불구하고 아라비카 품종의 커피 원두를 대량 생산할 수 있었다. 오늘날의 행정구역으로 미나스제라이스, 상파울루, 에스피리투산투, 파라나 주에 해당한다. 지금까지도 브라질은 세계 커피 생산량의 3분의 1을 생산하는 최대 생산국으로 세계 커피 원두 가격에 큰 영향을 미친다.

전시실 관람을 마치고 박물관 안의 카페에 갔다. 박물관에 처음 들어올 때부터 내내 나를 반겨주었던 바로 그 향이 가득했다. 부드럽기도, 향긋하기도, 고소하기도 했다. 한 쪽에서 직원이 원두를 볶고 있었다. 아, 그래서 이렇게 그윽한 향이 가득했구나. 가만히 있어도 내 안에 절로 퍼지는 커피 향이 좋아서 한참을 그렇게 서 있었다. 브라질 각 지역에서 나는 스페셜티 커피 원두의 맛과 향을 구별할 정도의 미각은 되지 못하지만 집에 가서 마셔보겠노라 몇 개를 구입했다. 기분 좋은 향이 집으로 가는 내내 즐겁게 해주었다.

많은 사람들이 브라질을 '커피의 나라'라 부른다. 몇 세기에 걸쳐 세계에서 가장 많은 커피를 재배하고, 커피 원두를 수출해온 나라이니 당연한 말이다. 하지만 더 놀라운 사실은 세계에서 가장 많은 커피를 소비하는 나라에도 브라질이 포함된다는 것이다. 하루의 시작부터 마무리까지, 좋은 자리나 우울한 때나 언제나 커피와 함께 하는 브라질 사람들. 그러니 커피의 나라라는 설명이 전혀 과하지 않다. 브라질은 커피와 함께 성장했고, 세계에 그 존재를 확인시켰으며, 여전히 많은 이들에게 사랑받고 있다. 브라질은 반박할 여지가 없는 커피의 나라다.

　　　　　　　　　　　　　　　다시 가슴 뛰고 싶다면 브라질

예술의 도시
상파울루

상파울루에는 크고 작은 미술관과 박물관이 많다. 옛 건물을 아름답게 유지, 보수하면서 전시를 하거나 남미 미술의 오늘을 보여주는 현대적인 곳들도 많다. 많은 여행자들이 이과수 폭포와 히우지자네이루에 비해 상파울루는 매력이 없을 것이라 생각하지만 전혀 그렇지 않다.

내게 상파울루의 첫 번째 미술관은 파울리스타에 있는 상파울루미술관Museu de Arte de São Paulo, 흔히 줄여서 마스피MASP라 부르는 곳이었다. 1947년에 개관한 마스피는 공중에 떠 있는 듯한 건물과 'ㅁ'자 형태로 건물을 감싸고 있는 두 개의 빨간 기둥으로 유명하다.

독특한 건물도 인상적이지만 전시실은 더욱 놀라웠다. 클로드 모네, 에두아르 마네, 에드가 드가, 폴 고갱, 파블로 피카소, 빈센트 반 고흐 등 우리에게 익숙한 세계적인 화가들의 작품이 걸려 있었다. 그림을 투명한 유리벽에 걸어놓아 각각의 그림이 중첩되어 보였는데 정면에서 바라보는 모습이 환상적이었다. 그림의 설명을 뒷면에 붙여놓은 덕분에 화풍을 보며 작가를 맞추는 재미까지 있었다. 누가 이렇게 기발하게 연출하였을까. 유럽과 미국에서도 미술관에 익히 다녀보았지만 이런 전시는 처음이었다. 색다른 광경에, 친숙한 작품들에 짜릿한 전율이 느껴졌다. 이후에도 아이들과 브라질의 미술관을 찾아다니게

된 것은 마스피에서의 경험 때문일지도 모른다.

상파울루 봉혜찌로 근처에는 삐나코테카 두 에스타두 지 상파울루^{Pinacoteca do} ^{Estado de São Paulo}, 즉 상파울루주립미술관이 있다. 1905년에 지어진 옛 건물을 그대로 유지하고 있어 외관이 무척 아름답다. 붉은 벽돌로 쌓아올린 미술관은 고풍스러운 분위기가 가득했고, 백년이 넘은 세월이 무색할 정도로 아름답게 잘 관리되어 있었다. 곳곳에 걸린 샹들리에, 창살과 기둥 장식은 클래식한 느낌을 주는 반면 그 안에 놓인 작품들은 현대적이고 실험적인 것들이어서 오묘한 조화를 이루었다. 작품을 보기도 전에 분위기에 먼저 취한 엄마 옆에서 고작 다섯 살이었던 딸아이는 나름의 감상평을 내놓았다.

"엄마, 이건 배에서 그물을 던졌는데 사람들이 바다에 병이랑 이런 걸 많이 버려서 물고기 대신에 이런 게 잡힌 것 같아."
"오, 그렇구나. 그럼 병에 담긴 물은 바닷물일까? 그런데 왜 빨간색이지?"
"음, 잘 모르겠어. 물고기에서 나온 게 아닐까?"

어리게만 보였던 내 아이와 이제 함께 미술관에 와 서로의 감상을 나눌 수 있어서, 이렇게 무사하고 건강하게 잘 자라준 것이 고마워서 감동이었다. 그 후

다시 가슴 뛰고 싶다면 브라질

로도 우리는 종종 이곳에 들러 행복한 미술관 나들이를 함께 했다.

또 다른 미술관으로 센트로에 있는 브라질은행문화원Centro Cultural Banco do Brasil, 줄여서 CCBB라 부르는 복합문화시설을 꼽을 수 있다. 센트로에 있던 브라질 국영 은행Banco do Brasil 1호점이 이전하며 남겨진 옛 건물을 2001년부터 문화원 으로 사용 중이다. 무려 1901년에 지어진 건물이니 약 120년의 역사를 가진 곳 이다. 신고전주의와 아르누보 양식에 영향을 받아 건축된 건물은 말로 다 표현 못할 정도로 아름다웠다. 햇빛이 투과되는 투명한 유리 천장, ㅁ자 형태로 만들 어진 계단과 아름다운 난간, 낡은 나무문과 손잡이, 곳곳에 새겨 넣은 장식들까 지. 그 자체가 예술품 같았다.

그러나 CCBB는 내실 있는 전시로 더 유명하다. 미술, 사진, 영화, 연극 등 다 양한 종류의 전시를 진행하고, 매달 전시를 소개하는 책자를 발행하고 있다. 우 리도 상파울루의 연말 전시 안내를 찾아보다 우연히 발견하고 찾아가게 되었 는데 전시 프로그램이 무척 짜임새 있어 좋았다. 밀도 있는 작품과 흥미로운 관 객 참여 이벤트, 게다가 무료입장이라니. 반하지 않을 이유가 없었다.

교육문화과학관Catavento Cultural e Educacional도 빼놓을 수 없다. 상파울루 센트로에

있는 과학박물관으로 까따뼁뚜 뮤지엄이라고도 부른다. 1911~1924년에 걸쳐 완공된 이곳은 산업 전시관으로 사용되었을 때 붙여진 산업 궁전^{Palácio das Indústrias}이라는 이름이 잘 어울릴 정도로 아름답다.

많은 사람들은 이곳의 아름다운 외관에 먼저 반하고, 우주, 생명, 발명, 사회의 주제로 구성된 알찬 과학 전시에 한 번 더 반한다. 많은 브라질 학교에서는 현장체험학습으로 이곳을 방문하고, 방학 때는 가족과 함께 온 학생들로 붐빈다. 우리가 들렀을 때도 사람이 많아 야외 전시만을 볼 수 있었다. 야외에는 세계 최초로 비행기 발명과 비행에 성공한 브라질의 발명가 산토스 두몽의 비행기 모형과 증기기관차, 자동차 등 교통 발달에 대한 전시가 있었다. 또 착시나 확성기의 원리와 같은 과학 실험도 있어 아이들이 무척 재미있어했다.

이 밖에도 피에스피 전시관이나 포르투갈어 박물관 등 상파울루에는 겉과 속이 꽉 찬 전시관이 매우 많다. 덕분에 상파울루에서 보낸 우리의 날들이 더 즐거울 수 있었다.

하지만 상파울루에서는 미술관에만 예술의 향기가 흐르는 것이 아니다. 흔한 거리의 담벼락에서 자유분방한 그래피티를 쉽게 만날 수 있다. 처음에는 우스팡스러운 그림이 낙서처럼 느껴졌다. 하지만 보면 볼수록 이 도시와 잘 어울렸고, 인상적인 그림도 많았다. 특히 센트로에서 이비라뿌에라 공원까지 이어지는 3.2km의 5월 23일 도로의 담벼락에는 짙은 슬픔이 눈에 가득한 브라질 사람들과 거리의 풍경이 흑백으로 그려져 있어 한 편의 무성영화를 보는 듯 했다.

이렇게 거리를 수놓는 예술가들의 멋을 가득 느낄 수 있는 곳이 바로 뻐녜이루Pinheiro다. 이곳에 들어서면 담벼락을 가득 채운 화려한 벽화가 눈에 들어온다. 80년대 초 누군가가 배꼽을 드러낸 배트맨Beco do Batman을 그린 것이 시작이었다고 한다. 그 뒤로 아마추어 화가들이 벽에 그림을 그리기 시작했고, 이 지역으로 아마추어 예술가들이 모여들었다. 그들의 작업실이 생겼고, 브라질 청춘들이 열광하는 힙한 레스토랑과 카페, 바가 들어섰다. 평범한 주택가였던 이곳이 이제는 젊은 예술가들의 감각이 살아있는 거리가 되었다.

브라질의 미술, 나아가 예술이 다채롭게 발전할 수 있었던 것은 주류 사회에서 손꼽히는 예술가들 때문만은 아닐 것이다. 곳곳에서 저마다의 색깔을 드러내는 거리의 화가들이 있기 때문에 브라질의 미술 세계가 이토록 개성 넘치는 것은 아닐까 생각해본다.

브라질의 평범한 골목길을 걷다 보면 어김없이 나오는 가게가 있다. 대중적인 음식들을 저렴하게 파는 곳이라 여행자의 가벼운 주머니 사정에도 딱 맞고, 가끔 끼니 사이에 허기가 질 때 가볍게 간식으로 먹고 가기에도 좋은 곳. 란쇼네치^{Lanchonete}다.

란쇼네치에는 든든하게 먹을 수 있는 맛있는 간식들이 많다. 소고기를 갈아 럭비공 모양으로 빚어 기름에 튀긴 키비^{Kibe/ Quibe}, 두툼한 밀가루 반죽 속에 다진 소고기나 닭고기를 넣고 오븐에 구워 만든 에스피아^{Esfhia}, 반죽 속에 다진 고기를 넣고 만두처럼 빚어 만든 엠파나다^{Empanada}, 납작한 반죽 사이에 햄이나 치즈를 넣어 튀긴 빠스떼우^{Pastel}, 치즈가루 반죽을 동그랗게 구운 빵지께이주^{Pão de Queijo}. 그저 허기를 면하기 위해 간단하게 먹는다고 하기에는 충분히 맛있는 음식들이어서 허름한 란쇼네치에서도 고급스러운 빵집의 카페테리아에서도 늘 볼 수 있는 음식들이다. 여기에 샌드위치와 햄버거 종류도 다양해서 란쇼네치에는 늘 골라 먹는 재미가 있다.

그 중에서도 난 코시냐^{Coxinha}를 제일 좋아했다. 어쩌면 '닭다리^{Coxa}'의 모양과도 닮아 이름 붙여졌을지 모를 이것은 잘게 찢은 닭고기나 소고기를 넣고 물방울 모양으로 튀겨 만든다. 재료에 따라 여러 종류가 있지만 난 카투피리 크림치즈와 닭고기를 넣어 만든 코시냐를 좋아했다. 매콤한 삐멘따^{Pimenta} 소스를 뿌려 한 입 베어 물면 그 맛이 어찌나 환상적인지. 란쇼네치의 저렴하면서 맛있는 간식들은 여행자에게도, 낯선 나라에서 살아가는 이방인에게도 영혼을 달래는 기쁨이다.

축구 박물관과
빠까엥부 경기장

"학부모님께. 브라질 국가대표팀의 월드컵 경기로 인해 수업 시간을 조정하게 되었습니다. 오전 경기가 예정된 목요일에는 오후 12시 30분에 등교합니다. 급식도 제공되지 않습니다."

아이가 다니는 브라질 학교에서 메일이 왔다. 브라질 축구 국가대표팀의 월드컵 경기가 있으니 오후에 등교를 하라는 안내였다. 남편의 직장에서도 경기 시간동안은 전 직원이 스크린 앞에 모여 함께 응원을 한다고 했다. 브라질 사람들은 축구 때문에 출근을 안 한다는 말을 듣고 일부의 일탈쯤으로 생각했는데 아니었다. 브라질에서는 공식적으로 회사와 학교가 쉰다. 심지어 은행도 업무를 중단한다. 중요한 축구 경기 동안은.

브라질은 2020년 4월을 기준으로 FIFA 랭킹 세계 3위, 역대 월드컵 5회 우승에 빛나는 축구 강국이다. 매 월드컵마다 우승 후보로 거론되는 브라질의 축구 실력은 브라질 사람들의 열정적인 축구 사랑 때문이다. 브라질에는 약 6,000개의 축구클럽과 450여 개의 프로축구클럽이 있다. 브라질 국내에만 전국 리그, 주별 리그 등 여러 프로축구리그가 있어 경기가 쉴 틈이 없다. 또 20만 명을 동시에 수용할 수 있는 세계 최대 규모의 마라카낭 경기장뿐 아니라 전국적으로 1만 명이상을 수용할 수 있는 150여개의 축구장이 있다. 브라질 국민이라면

누구나 응원하는 축구 구단이 하나씩 있다는 것이 허황된 소리가 아니다.

그래서 우리도 축구 경기장에 가보기로 했다. 상파울루의 콘솔라썽^{Consolação}지역에 있는 빠까엥부 축구 경기장^{Estádio do Pacaembu}으로 향했다. 1940년에 개장해 1950년 월드컵 경기가 열리기도 했다는 빠까엥부 경기장은 콜로세움이 연상되는 커다란 원형 경기장이었다. 여기에 축구 박물관^{Museu do Futebol}도 있다.

경기장 입구에서 축구 박물관 입장권을 구입해 들어가자 홀에서 여자 축구를 주제로 사진전이 열리고 있었다. 계단 위에서는 우리에게 익숙한 사람이 영상으로 등장해 환영해주었다. 펠레다. 펠레^{Pele}는 1940년에 태어나 15세에 산토스 FC에 입단하고 18년간 수많은 득점과 리그 우승을 했다. 17세에 브라질 국가대표로 선발되어 올림픽에서 3번이나 우승한 축구계의 살아있는 전설이다. '에드송 아란치스 두 나시멘토^{Edson Arantes do Nascimento}'라는 본명보다 펠레라는 별명으로 더 잘 알려진 그의 영상이 이곳에 나오는 것은 당연하다는 생각이 들었다.

안에서는 브라질 축구 역사에 대한 전시가 있었다. 그 중에는 브라질이 우승

다시 가슴 뛰고 싶다면 브라질

한 월드컵을 나타낸 것도 있었는데 1958년 스웨덴, 1962년 칠레, 1970년 멕시코, 1994년 미국, 2002년 한일 월드컵, 모두 다섯 번이었다. 안쪽에는 축구 경기 규칙이나 도구를 알려주는 전시도 있었다. '모든 것이 공이다'Todo é Bola'라는 문구 아래에는 실뭉치, 납작하게 눌린 캔, 인형의 머리, 레몬 같은 것들이 진열되어 있었다. 아이가 보기에는 축구와 어울리지 않는지 깔깔 웃었지만 그 짧은 문장이야말로 왜 브라질이 축구에 열광하게 되었는지 알려주는 것만 같았다. 가난하거나 부자거나, 백인이거나 흑인이거나, 어쨌든 공은 누구에게나 둥근 법이니까. 공 앞에 모두가 평등해지는 것이 축구의 매력 아닐까.

얼마 후 부모님을 모시고 다시 축구 박물관에 갔다. 마침 이 날은 산토스 FC의 축구 경기가 있는 날이었다. 아직 시간이 한참 남았는데도 벌써부터 산토스 FC의 유니폼을 입은 관중들, 구단의 깃발과 유니폼을 파는 상인들, 경기장 곳곳에 배치된 경찰들과 경찰차가 있었다. 브라질 축구가 세계 최고로 손꼽히는 이유는 결국 이러한 열정과 관심 때문 아닐까. 흥분과 열기가 고조되어 가는 빠까엥부 경기장에서 고스란히 느낄 수 있었다.

1950년 브라질 월드컵을 위해 20만 명의 관중을 수용할 수 있는 세계 최
대 규모의 마라카낭 경기장Estádio Maracanã이 히우지자네이루에 문을 열었다.
이곳에서 치러진 월드컵 결승전. 스웨덴을 7-1, 스페인을 6-1로 이기며 올
라온 브라질은 우루과이와 비기기만 해도 우승이 확정된 상황이었다. 그런
데 1-2로 역전패하자 국민들은 깊은 충격에 빠졌다. 권총으로 자살하는 사
람까지 있었다. 이것이 '마라카낭의 비극Maracanaço'이다. 이 사건은 2005년
FIFA가 선정한 월드컵 11대 이변이자 브라질에게는 잊지 못할 치욕적인
경기다.

하지만 이 사건을 보며 월드컵 우승의 꿈을 키운 사람도 있었다. 브라질의
축구 영웅인 펠레다. 당시 9살이었던 펠레는 아버지의 눈물을 보며 반드
시 브라질을 월드컵에서 우승시키리라 결심했다고 한다. 그리고 17세라는
역대 최연소 국가대표 선발 기록을 세우며 참가한 1958년 스웨덴 월드컵
에서 그는 8강전 결승 골, 4강전 최연소 해트트릭을 기록했다. 결승전에서
도 2골을 기록하며 브라질의 첫 월드컵 우승을 이끌었다. 이후 3번의 월드
컵 우승과 줄리메 컵 소유의 영예를 가져왔고 1969년 마라카낭 경기장에
서 자신의 천 번째 골을 성공시키며 전 세계인에게 자신이 '축구 황제'임
을 증명했다.

그가 만든 수많은 득점과 우승 기록만 보더라도 그는 의심할 여지가 없는
축구 황제다. 하지만 더욱 놀라운 것은 그가 꾸준한 기량을 선보였고 은퇴
후에도 축구계의 발전과 세계 평화를 위해 헌신하고 있다는 것이다. 그는
브라질 체육부 장관을 역임하였으며, 유엔과 유네스코의 홍보 대사로도 활
동하였다. 1999년에는 IOC가 선정한 '20세기 최고의 운동선수', 타임지가
선정한 '20세기 가장 영향력 있는 인물 100인'에 이름을 올리기도 했다. 펠
레는 세계 축구 역사에 길이 기억될 것이다.

이민자들의
나라

딸아이와 브라질 커피 농장에 갔던 날의 일이다. 가이드는 멋스러운 건물을 소개하며 이 커피 농장이 호황이던 시절, 농장주가 살았던 집이라고 했다. 19세기 당시에 이렇게 유리창을 만든 것도, 포르투갈에서 수입한 타일을 붙인 것도 모두 부의 증거라고 했다. 그리고 한참 떨어진 곳으로 우리를 다시 안내했다. 그곳에는 을씨년스러운 건물 하나가 있었다. 낡은 벽과 지붕에서 심상치 않은 기운이 느껴졌다. 과거 커피농장에서 일했던 노예들의 숙소였다. 마치 길고 긴 터널처럼 하나로 이어진 건물 안에는 중간에 몇 개의 벽이 있을 뿐. 안락함이라고는 없었다. 고된 노동에 지쳐 도망이라도 가면 붙잡혀 발목이 잘리는 잔인한 처벌만이 있었다고 했다. 떨어져 나가는 건물의 벽처럼 내 마음도 찢기는 것 같았다.

19세기 천혜의 자연 환경 속에 브라질의 커피 생산량은 급증했고, 부족해진 노동력은 흑인 노예들이 메우는 수밖에 없었다. 하지만 1850년, 브라질에 노예금지법이 제정되면서 그들은 자유노동자로서 일을 선택할 권리를 가지게 되었다. 다시 일손이 부족해지자 브라질 정부는 1874년, 이탈리아 이민자들을 받아들이기 시작했다. 커피농장에서 일하는 계약농민, 꼴로누^{Colono}였다. 이들은 유럽에서 건너온 자유인이었기 때문에 이전의 흑인 노예와는 신분이 달랐다. 농장주, 흑인 노예, 계약농민에 이르기까지. 실존했던 이들이 매일 삶을 만들어갔

던 공간을 지금 내가 보고 있다는 사실이 믿기지 않았다.

마지막으로 가이드는 우리에게 브라질 아저씨 한 분을 소개해주었다. 이 농장에서 50년 넘게 일했다는 하이문두 아저씨였다. 편안한 차림의 아저씨는 발밑에 놓인 무언가를 한 움큼 집어 체에 올려놓더니 이내 키질을 시작했다. 불어오는 바람을 타고 마른 낙엽과 먼지들은 날아가고, 마른 커피콩들만 다시 제자리로 내려와 앉았다. 아저씨는 분리한 콩들을 커다란 자루에 담았다. 자루에는 커피 농장의 노동자를 뜻하는 번호가 붉은 펜으로 크게 적혀 있었다. 매일 그렇게 채운 자루만큼 품삯을 받아갔다고 한다. 그것이 브라질에 온 이민자들의 삶이었다.

시범을 마친 아저씨는 해보고 싶은 사람이 있는지를 물었다. 손을 번쩍 들었다. 나도 커다란 체에 커피콩 더미를 가득 담고, 온힘을 다해 체를 던졌다 다시 받았다. 쉽지 않았지만 단단하게 영근 커피콩을 보니 뿌듯했다. 수 세기 전의 그들도 땀방울이 떨어질 때마다 채워지는 커피자루를 보며 가족들을 떠올렸겠지. 커피 한 알이 영그는 동안 함께 익어갔을 이민자들의 삶이 눈앞에 그려졌다. 그렇게 브라질은 성장해갔다.

다시 가슴 뛰고 싶다면 브라질

이러한 계약농민을 시작으로 브라질은 개척이민을 장려하며 본격적인 이민의 시대를 맞았다. 개척이민자들은 무료로 제공받은 척박한 땅에서 농사를 짓거나 목장을 경영했다. 주로 포르투갈, 이탈리아, 독일, 스위스, 폴란드 등 많은 유럽인들이 개척이민으로 이주해왔다.

덕분에 브라질의 인구는 급속도로 늘어났고, 다양한 인종의 사람들이 거주하는 나라가 되었다. 특히 개척이민자들은 유럽과 비슷한 기후인 온대 지역을 선호해 히우그란지두술Rio Grande do Sul, 산타카타리나Santa Catarina 같은 남부 지역에 주로 정착했다. 지젤 번천 같은 금발의 모델을 찾기 위해 모델 에이전시에서는 유럽이 아닌 브라질 남부로 간다고 할 정도다.

더불어 유럽인들의 음식과 문화도 전해져 브라질의 음식 문화가 더욱 다채로워졌다. 화덕에서 구운 이탈리아 피자와 파스타, 올리브유를 사용한 포르투갈식 대구 요리, 두툼한 독일식 소시지, 폴란드 전통 치즈 등 유럽 음식들이 브라질에 정착했다. 그래서 누군가는 브라질을 '숨겨진 미식의 나라'라 부르기도 하고, 브라질에서 꼭 먹어야할 음식으로 피자를 꼽을 정도다. 브라질에서는 어느 피자리아Pizzaria에서나 얇고 쫄깃한 도우에 치즈를 듬뿍 얹고 불을 피운 화덕 안에서 제대로 구워 만드니 틀린 말도 아니다.

19세기 부족한 일손 문제를 해결하기 위해 시작된 유럽인의 브라질 이주는 20세기에 들어서며 아시아로 확장되었다. 그 시작은 일본인이었다.

한 번은 옆 도시 포수스지까우다스Poços de Caldas에 있는 일본 공원에 나들이를 갔다. 그곳에서는 여행객들에게 5헤알(약 1,500원)을 받고 일본 전통의상 기모노를 대여해주고 있었다. 기모노를 입은 브라질 소녀들은 어색한지 연신 웃고 있었다. 딸아이를 위해 우리도 기모노를 빌렸다. 깔끔하게 머리를 묶고 우산까지 손에 드니 영락없는 일본 소녀다.

"역시 오리지널이 제일 예쁜 법이구나. 기모노는 일본 사람이 입어야 제일 잘 어울리나봐."

지나가는 브라질 사람마다 우리를 향해 엄지를 치켜들고는 최고라며 '따봉'을 외쳤다. 평소처럼 한국인이라고 고쳐 말할 틈도 없었다. 브라질에서 동양인을 보면 다짜고짜 일본사람이라고 생각할 정도로 브라질에는 일본인의 후손이 많다.

일본인의 브라질 이민 역사는 이미 백년이 넘었다. 1908년에 이주한 최초의 일본인들 이후로 많은 농업이민자들이 브라질에 정착했다. 그들은 성실히 일해 부호가 되었고, 이제는 농업을 넘어 정치, 경제, 예술 등 사회 전반에서 인정받는 일본인들이 많이 나타나게 되었다. 그로 인해 브라질에서 일본인에 대한 평가는 긍정적이다. 그것을 단적으로 느낄 수 있는 곳이 1950년대부터 형성된 상파울루의 일본 타운, 리베르다지^{Liberdade} 지역이다.

리베르다지에는 거리마다 붉은 가로등이 일렬로 늘어서 있고, '오사카 시 다리^{Viaduto Cidade de Osaka}'와 일본 신사 입구를 지키는 거대한 '토리이'가 있었다. 심지어 신호등에도 토리이 그림이 그려져 있었다. 건물 역시 일본 신사처럼 기와

다시 가슴 뛰고 싶다면 브라질

를 얹거나 빨갛게 칠해 일본 느낌이 물씬 풍겼다. 동양의 문화가 생경하고, 그래서 더 신비롭게 느껴질 브라질인들에게 이 거리가 얼마나 흥미로울까.

마치 일본에 와 있는 듯한 기분으로 걷다보니 금세 식당에 도착했다. 연어 초밥이나 볶음우동 같은 일식이 보편화된 브라질이지만 면을 국물에 담가먹는 라멘이나 국물 우동은 찾기 어렵다. 리베르다지에서는 일본의 맛을 제대로 느낄 수 있다기에 아이들과 찾아온 참이었다. 듣던 대로 국물이 진한 라멘과 우동을 먹을 수 있었다.

하지만 리베르다지에도 최근 변화의 바람이 불고 있다. 중국인들의 유입이 급속도로 늘어나며 중국인들이 운영하는 상점과 중국 음식점이 많이 생기게 된 것이다. 여기에 일식, 중식, 태국식 등 다양한 아시아 식당들도 생겨났다. 리베르다지는 이제 일본만의 문화가 아닌 아시아의 문화가 혼재된 거리로 바뀌어가고 있다. 그런 변화에 대해 우려를 나타내는 사람들도 많지만 여전히 리베르다지에는 맛있는 일본 식당을 찾아오는 현지인들로 발 디딜 틈이 없다. 자신들의 색깔을 잃지 않아서 더 매력적으로 보이는 일본 타운, 리베르다지는 시사하는 바가 크다.

리베르다지 지역이 일본 타운이라면 봉헤찌로^{Bom Retiro}지역은 한인 타운이 형성된 곳이다. 브라질에 정착한 한인들이 모여 살기 시작한 이곳은 2010년 상파울루 한인 타운으로 정식 지정되었다. 한국 정부가 추진한 1963년 농업 이민으로 첫 이주를 시작한 한인들은 70년대 후반, 봉헤찌로 지역에 의류매장과 봉제 공장을 세우기 시작했다. 한국인들만의 섬세함과 뛰어난 감각 덕분에 봉헤찌로에서 만들어진 옷들은 큰 인기를 끌게 되었다. 이러한 성공을 발판으로 80~90년대, 한인 사회는 급성장해 현재 5만 명이 넘는 규모가 되었으며, 한인 2, 3세대 중에는 의사, 변호사 등이 되어 브라질 주류 사회에 정착한 이들도 많다.

최근에는 삼성, LG, 현대자동차 등 국내 기업들이 브라질 시장에 성공적으

로 진출하였고, 젊은 세대를 중심으로 K-Pop, K-Drama의 인기가 높아지고 있다. 그 인기에 힘입어 많은 한국 가수들이 브라질에 방문했다. 일례로 BTS는 2015년 남미 최초로 브라질에서 단독 공연을 시작해 지금까지 총 세 번의 단독 공연을 했고, 수많은 팬들이 공연장을 찾았다. 이러한 영향 때문인지 한국드라마나 가요를 좋아하다 한국어를 공부하게 된 브라질 사람들이 점차 많아지고 있다.

2018년, 봉헤찌로에는 한인 이민 55주년을 기념하는 조형물이 세워졌다. 이름은 '우리 Uri'. 한국의 장승을 모티브로 만든 두 개의 기둥에 'ㄷ, ㅎ, ㅁ, ㄱ', 'ㅂ, ㄹ, ㅈ, ㅇ'을 새겨 넣었다. 각각 '대한민국'과 '브라지우(브라질의 실제 포르투갈어 발음)'를 의미하며, 함께 걷는 대한민국과 브라질을 상징한다고 한다. 그 뜻처럼 한국과 브라질이 서로에 대해 더 많이 알고 공감하며 함께 성장하기를 바란다.

유럽에서 이주한 계약농민과 개척이민자부터 일본, 한국 등 아시아인에 이르기까지 수많은 이민자들이 이주한 브라질. 이쯤 되면 브라질을 이민자의 나라라 불러도 될 것이다.

다시 가슴 뛰고 싶다면 브라질

녹음이 가득한
동물원

　브라질에서 사는 동안 우리는 아이들과 종종 동물원에 갔다. 처음에는 날것 그대로의 모습에 실망하기도 했지만 시간이 지날수록 꾸밈없는 자연이 주는 쉼을 누릴 수 있었다. 무엇보다 책으로만 보던 남미의 동식물이 살아 움직이는 모습을 직접 볼 수 있어 좋았다.

　상파울루 동물원 ^{Jardim Zoológico}은 도시의 중심에서 약간 벗어난 아구아 푼다 ^{Agua Funda} 지역에 있다. 1958년에 설립되어 약 3,200마리의 동물이 생활하고 있다. 동물원 바로 근처에 식물원 ^{Jardim Botânico}도 있어 두 곳을 함께 둘러볼 수도 있다. 우리는 주 사파리 ^{Zoo Safári}에 가기로 했다. 상파울루의 빌라 모라이스 ^{Vila Moraes} 지역에 있는데 이름처럼 차량을 타고 동물원을 둘러볼 수 있다. 특이한 점은 개인 승용차로도 돌아볼 수 있다는 것. 간혹 원숭이들이 차에 올라와 상처가 생긴다고도 했지만 비도 오는 데다 색다른 경험이 될 것 같아 차를 가지고 들어가기로 했다.

　입구에서는 종이로 포장한 동물의 먹이를 팔고 있었다. 하나 구입해 열어보니 땅콩이었다. 비가 와서 많은 동물이 나무 아래에서 쉬고 있던 날이었지만 비가 주춤한 사이 우리에게 다가온 꽃사슴, 낙타, 타조에게 먹이주기에 성공했다. 손바닥 위에 땅콩을 올려놓자 쏙쏙 잘 받아먹었다. 한국에서 사파리 투어를 하

며 기린에게 먹이를 주려고 애를 써본 터라 더욱 신나는 경험이었다.

우리는 상파울루를 벗어나 위성 도시에 있는 동물원들도 자주 다녔다. 아메리카나 시에 있는 아메리카나 생태공원 Parque Ecológico de Americana이 우리에게는 첫 브라질 동물원이었다. 생태공원이라는 이름처럼 동물원이라기보다 큰 호수가 있는 넓은 공원 같았다. 그곳에서는 공작, 원숭이, 카피바라 같은 동물들이 마음껏 활보했다. 그 모습에 깜짝 놀랐고, 역시 브라질이구나 싶었다.

이따치바 시에 있는 이따치바 동물원 Zooparque Itatiba은 사설 동물원이어서 입장료가 비싼 편이다. 대신 규모가 매우 넓고 동물 종류도 다양했다. 남미의 자연 그대로 꾸며놓은 너른 벌판과 빽빽한 숲 사이로 책에서만 익숙하게 보았던 남미의 동물들을 다 볼 수 있었다. 아이들에게 책을 읽어주면서도 잘 상상이 되지 않았던 아르마딜로나 투칸, 개미핥기를 직접 보면서 아이들보다 내가 더 신이 나기도 했다.

우리가 살던 깜삐나스 시에도 시립 동물원이 있다. 시립이어서 무료입장이었고, 앵무새, 타조, 에뮤 등 다양한 종류의 새와 하마, 사자, 재규어, 원숭이, 거북 등을 직접 볼 수 있었다. 갈 때마다 수목원 느낌의 울창한 숲이 우리를 반겼

다시 가슴 뛰고 싶다면 브라질

다. 특히 좋았던 것은 2헤알(약 600원)만 내면 입장할 수 있는 자연사박물관과 수족관이었다. 작은 건물에 불과했지만 남미에 서식하는 여러 동물을 생생하게 박제해놓아 아주 가까이에서 자세히 관찰할 수 있었다.

브라질의 동물원은 테마파크처럼 멋지게 꾸며놓은 한국의 동물원에 비하면 밋밋하게 느껴진다. 한정된 공간을 최대한 활용해 많은 개체를 수용하는 한국의 동물원과 달리 울창한 나무 사이로 드문드문 동물들이 나타나 감질나기도 한다. 하지만 다녀볼수록 이것이 더 자연적이지 않을까 하는 생각이 들어 오히려 마음은 편안했다. 남미에만 서식하는 특별한 동물을 직접 눈으로 볼 수 있다는 것도 매력이었다. 그러니 브라질에 왔다면 동물원에도 한 번쯤은 다녀오길 권한다.

매주 금요일이면 공원 앞에 재래시장^{Feira}이 섰다. 다양한 재료를 넣어 기름에 튀겨주는 빠스떼우는 우리가 무척 좋아한 간식이어서 언제나 그냥 지나칠 수 없었다.

빠스떼우^{Pastel}는 1940년대 브라질에 정착한 일본 이민자들이 중국식 만두를 브라질에서 구하기 쉬운 재료로 기름에 튀겨 만든 길거리 음식이다. 얇은 밀가루 반죽 사이에 다진 고기나 치즈, 새우 등 재료를 넣고 그 자리에서 튀겨준다. 바닷가를 끼고 있는 도시에서는 새우를 듬뿍 넣은 빠스떼우를 잊지 않고 먹기도 했지만 평소에는 다진 고기가 들어가는 빠스떼우지까르니^{Pastel de Carne}나 치즈가 들어간 빠스떼우지께이주^{Pastel de Queijo}를 먹었다. 갓 튀긴 빠스떼우에 토마노, 양파 등의 야채를 식초에 절인 비나그레치^{Vinagrete}와 매콤한 고추로 만든 삐멘따 소스^{Pimenta}를 곁들여 먹으면 그 맛이 아주 예술이었다.

여기에 그 자리에서 갓 짠 오렌지주스나 사탕수수주스를 함께 마시면 입이 호강하는 기분이었다. 시럽이나 물 한 방울도 섞지 않은 과즙 그대로의 오렌지 주스는 무척 신선하고 상큼해서 한 번 맛보고 나면 오렌지 농축액을 물에 희석한 시판 오렌지 주스는 마실 수가 없을 정도다.

한국으로 돌아오고 나니 브라질의 길 위에서 먹었던 길거리 음식이 참 많이 생각난다. 재래시장의 귀퉁이에서 길거리 음식을 한 입 베어 물면 그들의 가장 소박하고 흔한 일상을 나도 함께 하는 기분이 들곤 했다. 지금도 여전히 그때의 소소하지만 행복했던 순간을 떠올리며 맛좋은 간식을 그리워한다.

상파울루
근교 나들이

다양한 인종이 모여 다채로운 문화를 꽃피운 브라질. 그래서인지 상파울루 근교에는 특색 있는 마을이 많다. 우리는 주말이나 공휴일 등 시간이 생기면 비교적 가까운 마을로 짧은 여행을 떠나곤 했다.

엥부 예술마을

어느 토요일 오후, 상파울루 근교에 있는 엥부 예술마을Embu das Artes에 가기로 했다. 차로 40분 거리여서 주말 나들이로 다녀오기 좋다는 이야기를 들은 터였다. 금세 도착해 주차까지 했지만 눈앞에 보이는 것이라고는 평범한 시골마을 뿐이었다. 어딜 봐서 여기가 예술마을이라는 걸까. 아쉬운 대로 기념품 몇 가지를 구입하고 돌아서는데 어디에선가 음악 소리가 들려왔다. 홀린 듯 따라가자 건물 사이로 좁은 오르막 계단이 있었다.

이럴 수가! 계단을 오르자 담벼락에 기대 앉아 노래하는 한 남자가 있었다. 그는 클래식 기타를 연주하며 나른하고 감미로운 목소리로 노래하고 있었다. 그 옆으로 그림과 인테리어 소품을 파는 가게가 나란히 자리했고, 벽에는 아름다운 그림이 가득 채워져 있었다. 이토록 로맨틱한 광경이라니. 좁은 골목길의

풍경일 뿐인데 가슴이 살랑거렸다. 계단 위로도 올라가 보았다.

아아, 여기에 오지 않았더라면 어쩔 뻔 했지. 그곳에는 가구점, 인테리어 소품점 등 온갖 종류의 상점들이 가득했다. 거리 가운데에는 자신이 직접 만든 수공예품을 가지고 나온 사람들의 토요 장터가 펼쳐져 있었다. 이래서 여기를 엥부 예술마을이라고 부르는구나. 비로소 이해가 되었다.

아이들의 손을 잡고 상점과 토요 장터에 펼쳐진 물건들을 구경했다. 나무를 깎아 만든 공예품, 카펫, 가죽 가방, 종이로 만든 장난감, 인형, 털실로 짠 카펫, 금속으로 만든 액세서리, 거리에 늘어놓은 그림들까지. 사람의 손으로 만들 수 있는 세상의 모든 것들이 한 자리에 모인 것 같았다. 가격도 저렴해서 구경하며 골라 사는 재미도 있었다. 하지만 뭐니 뭐니 해도 가장 좋았던 것은 그 거리의 분위기였다. 여유로운 토요일 오후, 한쪽에서 뜨개질을 하거나 재료를 가공하며 직접 제품을 만들고 있는 거리의 상인들을 구경하고, 그들이 손으로 만든 소품을 저렴하게 구입할 수 있는 이곳이 난 무척 마음에 들었다.

그 뒤로도 우리는 종종 엥부 예술마을로 나들이를 다녔다. 아이들과 토요 장터에서 손으로 만든 소박한 공예품을 구경했고, 투박한 질감의 브라질 원목 가

다시 가슴 뛰고 싶다면 브라질

구를 구입하기도 했다. 라이브 연주와 노래로 골목에 로맨틱한 감성을 더해주는 앤틱 식당에 들러 맛있는 음식을 먹기도 했다. 입이 즐겁고, 귀가 달콤했다. 예술이라 이름 붙여도 될 많은 것들이 한데 모인 감성 넘치는 토요일 오후의 공예 시장에서 우린 설레는 봄 같은 시간을 보냈다.

스위스 마을, 캄푸스두조르당

상파울루 시를 벗어나 북동쪽으로 두 시간 반을 달리면 나타나는 도시가 있다. 해발 고도 1,700m의 산지에 위치해 연중 서늘한 캄푸스두조르당Campos do Jordão이다. 브라질 남동부 온대 지역에서는 쉽게 보기 어려운 소나무, 전나무, 플라타너스 등의 수종이 풍부해 아름다운 산세를 자랑한다. 특히 독특한 모습의 브라질 전나무인 아라우까리아Araucaria가 많아 매년 4월에는 수확한 열매로 '삐녕 축제Festa do Pinhão'를 열고, 7월에는 브라질에서 손꼽히는 음악 축제인 '겨울 축제Festival de Inverno'를 연다. 브라질의 스위스 마을, 알프스 마을이라는 별명답게 산자락마다 스위스 산장 같은 예쁜 숙소가 가득하고, 퐁듀와 초콜릿으로도 유명하다.

어느 4월, 우리는 캄푸스두조르당으로 떠났다. 브라질의 4월은 가을이지만 여전히 더워 반팔을 입고 있었는데 캄푸스두조르당에 도착하자 한낮이었는데도 22°였다. 상파울루보다 10°나 기온이 낮다니. 가을 티셔츠를 하나 입고 걸으며 여행하기 딱 좋았다. 붉은 벽돌로 지은 스위스 풍의 건물들과 가을을 맞은 플라타너스가 만들어내는 풍경이 무척 이국적이었다. 한국에서 단풍과 흰 눈을 경험한 내 눈에도 이렇게 색다른데 야자나무와 바나나무가 일상인 브라질 사람들에게는 얼마나 생경하고 멋질까. 그들이 이곳을 좋아하는 이유를 알 것 같았다.

성 베네디토 광장Praça São Benedito에는 전망대까지 올라가는 리프트가 있었다.

우리는 대신 차를 타고 올랐다. 전망대에서 내리자 커다란 십자가가 서 있었고, 그 앞에서 도시의 모습을 내려다 볼 수 있었다. 방금 전에 우리가 걸었던 광장, 오리배가 띄워진 호수, 투어버스가 지나는 도로, 그리고 침엽수림으로 녹음이 짙은 산자락과 그 사이에 보석처럼 박힌 스위스 산장들. 아름다운 풍경이 눈 앞에 펼쳐졌다.

전망대에서 내려와 숙소로 향했다. 스위스 산장 같은 숙소에서 묵어보겠다며 예약한 곳은 멘덴홀 포사다Pousada Mendenhall였다. 포사다는 호텔보다 아래 급의 숙소를 말한다. 산장 같은 숙소는 처음이어서 조금 걱정이 되었지만 따스한 크림색 벽에 짙은 나무 창문이 포인트가 되는 포사다의 모습이 예뻐서 안심이 되었다. 방에는 멋스러운 나무 창문 안쪽으로 하나의 창이 더 있었고, 침대 위에 두툼한 담요가 있었다. 방 한쪽에 놓인 라디에이터를 보니 비로소 우리가 산에서 하룻밤을 자게 되었다는 것이 실감 났다.

숙소에 짐을 내려놓고 다시 광장으로 나왔다. 해가 저물자 기온이 뚝 떨어져 가을 점퍼를 챙겨 입었다. 저녁은 이 거리에서 가장 유명한 바덴바덴에서 먹기로 했다. 브라질은 자국 브랜드 맥주도 맛이 좋고, 수입 맥주도 활발하게 소비된다. 그 중에서도 독일 맥주 브랜드인 바덴바덴Baden Baden은 캄푸스두조르당에

　　　　　　　　　　　다시 가슴 뛰고 싶다면 브라질

양조장이 있어 이곳에서 직접 생산되며, 맛이 좋아 모두에게 인기가 좋다. 미리 예약을 하면 양조장 투어도 할 수 있다. 그래서인지 이곳을 독일 마을로 기억하는 사람이 있을 정도다. 우리는 시원한 맥주와 맥주에 어울리는 수제 소시지, 대구살 튀김 Bolinhos de Bacalhau 을 주문했다. 배부르게 먹고 거리로 나오니 거리에는 이미 짙은 어둠이 내려앉았다. 이렇게 까만 밤에 브라질에서 맘 편히 걸어본 적이 있었던가. 오랜만에 느끼는 자유에 마음이 설레었다.

다음 날 아침, 오늘은 어제 전망대에서 내려다보았던 이 도시의 구석구석을 다니는 투어버스를 타기로 했다. 광장 아래 정류장에서 20헤알(약 6,000원) 정도를 지불하고 버스에 탔다. 말이 좋아 버스지, 사실 앉는 자리 말고는 아무것도 없는 탈것이다. 그래도 마음은 콩닥콩닥 설레었다. 투어버스는 곧 출발했다. 마이크를 잡은 브라질 청년은 마치 녹음기라도 틀어놓은 듯 쉬지 않고 설명을 이어갔다. 여전히 볼품없는 포르투갈어 실력이라 전부 다 이해할 수는 없었지만 그래도 이건 초콜릿 공장, 저건 캐나다 나무 같은 설명은 알아들을 수 있었다. 설사 아무것도 알아듣지 못한다 해도 좋았다. 그저 밖으로 보이는 풍경이 아름다워서 그것만으로도 충분했다.

두 시간 가까이 투어를 마치고 나니 출출해졌다. 스위스 마을에 왔으니 퐁듀를 먹어봐야겠지? 식당 마테호른 Matterhorn 에 들어가 퐁듀를 주문했다. 메뉴는 고기와 치즈 중에 선택할 수 있었다. 그렇다면 우리는? 당연히 고기! 잠시 후 직원은 8가지 소스와 사이드 메뉴, 그리고 쇠 꼬치에 구워먹기 좋도록 썬 소고기 안심을 가지고 왔다. 직원에게 배운 대로 고기를 꼬치에 끼워 뜨겁게 달구어진 항아리에 넣자 금세 익었다. 입맛대로 원하는 소스를 조금 얹어 입에 넣으니 육즙이 팡팡 터졌다. 여기가 진짜 스위스가 아닌 브라질의 스위스 마을이어서 잘 되었다며 함께 웃었다.

마지막으로 초콜릿 가게에도 들러 먹고 싶은 초콜릿을 종류대로 골랐다. 하나씩 입에 넣을 때마다 진한 달콤함이 입 안 가득 번졌다.

광장에는 온몸을 하얗게 칠하고 석고상처럼 그대로 서 있는 마임 예술가와 거리에서 음악을 연주하는 사람들이 흥을 더 했다. 발걸음이 떨어지지 않았지만 아쉬운 작별 인사를 건넸다. 소나무와 전나무가 가득한 산자락, 아름다운 스위스 산장들, 파란 하늘, 맑은 공기, 감성 어린 거리의 풍경이여, 이제 안녕.

네덜란드 마을, 올람브라

가끔 바람이 쐬고 싶을 때, 우리는 올람브라^{Holambra}에 갔다. 깜삐나스에서 차로 30분 정도면 갈 수 있어서 주말 오후에 다녀오기 딱 좋았다. 올람브라는 원예농업이 발달한 네덜란드 마을로 거리를 아기자기하게 꾸며놓아 아이들과 산책하는 재미가 있다. 물론 커플끼리 데이트하기도 좋아서 주말이면 달콤한 연인과 가족들이 가득하다.

올람브라는 세계 2차 대전 이후 네덜란드 이민자들이 브라질에 정착하며 만들어지게 된 곳이다. 초창기 시도한 낙농업은 실패했지만 원예농업이 성공하고 더 많은 이민자들이 이주하게 되면서 네덜란드 마을로 형성되었다. 남반구 브라질에 봄이 찾아오는 매년 8월~9월 사이, 이곳에서는 꽃박람회^{Expoflora}가 열린다. 생산자들이 직접 재배한 꽃과 나무를 구입할 수 있고, 네덜란드 민속춤 등의 공연도 볼 수 있다. 하이라이트는 박람회가 끝나는 날, 하늘에서 꽃잎을 뿌리는 행사다. 알록달록한 꽃비가 하늘에서 내리는 모습이 장관인데다 떨어지는 꽃잎을 손으로 잡으면 행운이 찾아온다고 해 많은 사람들이 몰려든다. 이때가 아니더라도 올람브라에서는 언제든 맛있는 네덜란드 요리를 먹고, 기념품을 구입할 수 있다.

올람브라에서는 네덜란드의 상징인 거대한 풍차가 가장 먼저 사람들을 반긴다. 안으로 들어가면 간단하게 올람브라의 역사를 알 수 있고, 계단을 올라가 풍차의 내부를 볼 수도 있다. 풍차 뒤로는 네덜란드 풍으로 지어진 집들이 있었다. 길의 이정표도, 신호등도 튤립 모양이고, 공중전화기는 네덜란드의 나막신 모양이었다. 이 마을만큼만 네덜란드에서 지구 반대편으로 옮겨놓은 것 같았다.

오리와 거위가 헤엄치는 호숫가 산책을 하고 센트로에 갔다. 거리에는 흥겨운 음악 소리가 가득했다. 식당마다 네덜란드 음식부터 브라질 음식까지 다양한 요리가 있었는데 특히 시원한 맥주와 먹는 소시지가 일품이었다. 맛있는 식사 후에는 기념품 가게에도 들러 네덜란드의 나막신, 클롬펀Klompen과 네덜란드를 상징하는 많은 소품을 구경했다. 파랗게 칠해 구운 풍차와 클롬펀 장식이 마

음에 쏙 들었다.

이제 집에 돌아가려는데 여러 무리의 사람들이 거리 행진을 하고 있었다. 아, 카니발이구나! 주제별로 분장한 사람들이 순서대로 걸었고, 온갖 꽃들로 장식한 마차 위에 가운을 입은 카니발의 왕, 모모 Rei Momo가 손을 흔들며 뒤를 따랐다. 전문적인 카니발 퍼레이드는 아니었지만 꽃을 재배하는 올람브라의 특징이 잘 드러나는 꽃마차 퍼레이드를 보며 나도 모르게 미소가 지어졌다. 소박하지만 정이 넘치는 올람브라의 정취는 지금 다시 떠올려도 참 좋다.

과루자*

약 7,400km에 달하는 해안이 대서양과 만나는 브라질은 자연히 해안선을 따라 여러 도시와 아름다운 해변이 발달했다. 특히 북동부의 해안 도시들은 연중 따뜻한 기온과 넓게 발달한 백사장으로 인해 휴양지로 인기가 많다. 그러나 상파울루 주의 바다 역시 충분히 아름답고, 거리가 가까워 짧은 바다여행으로 자주 다니곤 했다.

상파울루 주의 여러 해안 도시 중에 가장 대중적으로 알려진 곳이 과루자 Guarujá다. 그 안에 여러 해변이 있는데 페르남부쿠 해변 Praia de Pernambuco과 엔세아다 해변 Praia da Enseada이 가장 유명하다. 페르남부쿠 해변은 수심이 깊고 파도가 치는 편이어서 서핑을 즐기는 사람들이 꽤 많았다. 해변을 따라 야자수도 많이 심어져 있고 바다가 보이는 전망 좋은 자리에는 개인이 지은 고급 별장들도 많았다. 우리는 엔세아다 해변 앞에 있는 호텔에 묵으며 과루자의 백사장과 푸른 바다를 마음껏 즐겼다. 아이들은 밀가루만큼이나 고운 모래에서 실컷 놀았고,

* 구아루자

다시 가슴 뛰고 싶다면 브라질

바다를 향해 걷고 또 걸어도 물이 발목밖에 오지 않는 완만한 해변에서 찰박찰박 물놀이를 했다. 두 아이가 노는 모습을 지켜보며 파라솔 아래에 앉아 갓 튀긴 감자튀김과 새우튀김을 주문해 시원한 맥주와 까이삐리냐를 마시면 완벽한 휴가가 완성되었다. 두 해변 모두 나름의 즐거움이 있었다.

브라질 바닷가에서 즐기는 또 하나의 즐거움은 바로 푸짐한 해산물 요리다. 땅이 넓고 유통 시스템이 한국처럼 신속하지 못한 브라질 내륙 도시에서는 갓 잡은 신선한 해산물을 먹기 어렵기 때문이다. 과루자에서는 마리스코 랑비랑비Marisco Lambe Lambe를 주문해 홍합을 산처럼 쌓아놓고 먹었고, 해산물이 듬뿍 들어간 리조또와 바다가재 요리도 실컷 먹었다. 신선하고 맛있는 요리 덕분에 과루자는 더없이 만족스러운 여행으로 기억된다.

산토스

과루자 여행을 마치고 돌아가는 길, 산토스Santos에 들렀다 갈 생각으로 내비게이션에 산토스 전망대를 입력했다. 그런데 경로가 바다 위로 뜨는 게 아닌가. 믿기지 않지만 달리 방법이 없어 운전을 시작했다. 잠시 뒤, 통행료를 지불하는 톨게이트가 나왔다. 'Balsa' 때문이라는데 이게 무엇인가 싶어 번역기를 돌려보니 '페리'라고 했다. 아하, 이렇게 배를 타고 간다는 말이었구나. 지도를 다시 보니 배를 타지 않으면 해안을 따라 꽤 돌아서 가야했다. 차에 탄 채로 배 위에 올라 바다를 건너는 경험은 무척 신기했다. 브라질에서 살며 몇 번 써보지 못한 선루프를 열어주자 아이들은 고개를 내밀고 바닷바람을 맞았다.

산토스 전망대^{Mirante Niemeyer}에 오르자 길게 뻗은 산토스의 해변이 한눈에 들어왔다. 산토스는 히우지자네이루의 축소판 같았다. 길게 뻗은 백사장과 바다를 보고 서 있는 빌딩, 그 뒤에 자리한 숲 때문이었다. 특히 해안도로와 백사장 사이에 넓은 공원이 조성되어 있어 자연과 도시가 사이좋게 어깨동무한 것처럼 느껴졌다.

몇 달 뒤, 그 풍경을 잊지 못해 다시 산토스로 여행을 떠났다. 게 요리 식당에서는 아이들과 나무망치로 게를 톡톡 두들겨가며 맛있게 살을 발라먹었고, 산토스 수족관과 커피 박물관에도 들렀다. 특히 이번에는 취사가 되는 레지던스 호텔에 묵었는데 덕분에 산토스 수산시장에서 사온 싱싱한 게와 새우를 방에서 구워 먹을 수 있었다.

그리고 떠나는 날, 다시 수산시장에 들러 집에서 준비해온 아이스박스 가득 생선과 새우, 바다가재를 담았다. 멀리 간다는 설명에 아저씨는 봉지마다 얼음을 가득 채워주었다. 이제 차를 타려는데 갑자기 아저씨가 우리를 불러 세웠다.

그러더니 아이들을 향해 자그마한 생선 몇 개를 던져 주는 것이 아닌가. 그 순간 목이 긴 새들이 어디에선가 쏜살같이 날아와 잽싸게 물고 사라졌다. 갑작스러운 광경에 조금 놀라기도 했지만 아이들은 신이 났다. 물고기를 낚아채가는 새들의 모습을 바로 눈앞에서 봤으니 그럴 수밖에. 재미난 구경거리를 보여주려던 브라질 아저씨의 다정한 마음씨 덕분에 새들은 신나게 배를 채웠고, 아이들은 재미난 추억을 만들었다.

우바뚜바

우리 가족에게 잊지 못할 또 하나의 상파울루 바다는 우바뚜바^{Ubatuba}다. 우바뚜바는 다른 곳에 비해 가장 자연의 모습 그대로를 간직한 곳으로 우리에게는 첫 브라질 바다였다. 한 치 앞이 보이지 않을 정도로 구름이 걸린 산을 넘어가느라 힘들었지만 도착해 만난 바다는 무척 아름다웠다. 파도가 꽤 치는 편이라 서핑을 즐기는 브라질 사람들이 많았다. 우리는 아이들이 어려 제일 완만한 토니냐스 해변^{Praia das Toninhas}에서 물놀이를 즐겼다. 숙소는 지은지 일 년밖에 되지 않은 해변 근처의 포사다로 예약했는데 신혼부부가 운영하고 있었다. 브라질인 아내는 런던 유학 시절 만난 남편과 결혼하고 바다가 좋아 이곳에 포사다를 짓게 되었다고 했다. 낯선 곳에서 새로 시작한 사업을 반짝이는 눈으로 설명하는 그녀를 보며 이제 막 브라질 생활을 시작한 나 또한 용기를 얻었던 기억이 난다.

그 소중한 기억이 떠올라 한국으로 가는 날을 한 달쯤 남기고 우린 다시 우바뚜바에 갔다. 우리에게는 처음이자 마지막 브라질 바다가 된 셈이다. 돌이켜 보면 우리는 브라질의 바다에서 많은 것을 배웠다. 파도치는 바다를 무서워했던 아이들이 바다를 즐기게 되었고, 맛있는 해변의 먹거리를 알게 되었다. 어쩌면 타인의 시선을 의식하지 않고 편하게 쉬는 브라질 사람들의 태도도 조금은 닮게 되었는지도 모른다. 우리에게 많은 선물과 휴식을 주었던 브라질의 바다가 나는 언제나 그립다.

· 6 ·

Florianópolis

플로리아노폴리스

브라질 남부 바다여행

브라질
남쪽을 향해

플로리아노폴리스^{Florianópolis}는 브라질 남부 산타카타리나^{Santa Catarina} 주의 주도다. 남북으로 거리가 54km에 달하는 길쭉한 섬으로 약 60여개의 아름다운 해변을 가지고 있다. 특히 산타카타리나 주를 비롯한 브라질 남부 지역은 남동부 다음으로 발전한 곳이어서 플로리아노폴리스는 발전된 도시이자 바다를 끼고 관광업이 발달한 휴양지의 느낌이 함께 묻어난다.

브라질 사람들이 줄여서 플로리파^{Floripa}라고 부르는 플로리아노폴리스까지 직접 운전하면 8시간, 비행기를 타면 1시간 10분 정도 걸린다고 했다. 모두 바다로 떠나는 카니발 연휴라 길이 막힐 것 같아 비행기를 타기로 했다.

출발은 상파울루 과룰류스 국제공항, 항공사는 고우^{Gol}였다. 셀프 체크인 기계에서 체크인을 하고 짐을 부치니 간단하게 끝났다. 이제 곧 탑승을 시작한다는 안내에 우리도 브라질 사람들처럼 운전면허증을 들고 줄을 섰다. 브라질 운전면허증에는 개인의 모든 정보가 담겨 있다. 잠시 브라질에 거주하는 외국인 신분인 우리 부부조차 외국인 등록번호 'RNE'와 납세 번호 'CPF' 등이 모두 적혀 있었다. 브라질에서 운전을 하기 위해 서류를 준비해 적성검사를 보고 오래 기다려 받은 운전면허증으로 내국인처럼 비행기 탑승을 하다니. 기분이 참 묘했다.

　1시간 10분은 그리 긴 시간이 아니어서 비행기에서 기내식으로 나온 간식을 먹자마자 곧 착륙한다는 안내 방송이 나왔다. 창 너머로 푸른 바다가 모습을 드러냈다. 끝없이 펼쳐진 긴 해안선, 하얀 거품을 일으키며 파도치는 푸른 바다, 빽빽하게 들어선 건물들. 남쪽 바다의 섬에 왔다는 것이 조금씩 실감이 났다. 공항 안은 카니발 가면과 반짝거리는 끈으로 이곳저곳 장식이 되어 있었고, 플로리파의 바다를 즐기기 위해 자신의 서핑보드를 챙겨 온 여행자들도 많았다. 곧 마주할 브라질의 남쪽 바다가 몹시 궁금해졌다.

다시 가슴 뛰고 싶다면 브라질

카포에이라

여행 둘째 날 아침, 철썩이는 파도 소리에 잠에서 깼다. 마음은 당장 바다로 달려가고 싶었지만 먼저 들러보고 싶은 곳이 있었다. 바로 센트로 역사지구다. 분주하게 움직이는 센트로 거리에서 주차장 직원은 곧 카니발 행렬이 있을 것이라고 알려주었다. 맞다, 오늘이 카니발이지. 브라질 4대 카니발인 히우지자네이루, 상파울루, 헤시피, 살바도르 못지않게 플로리아노폴리스의 카니발은 남부 최고로 명성이 자자하다.

설레는 맘으로 걷는데 아름다운 분홍빛 건물이 눈앞에 나타났다. 산타카타리나 역사박물관^{Museu Histórico de Santa Catarina}이었다. 이렇게 사랑스러운 박물관이라니. 그 어느 곳에서 보았던 건물보다 로맨틱했다. 안타깝게도 문은 닫혀 있었지만 보는 것만으로도 기분이 좋아지는 곳이었다.

맞은 편에 있는 메트로폴리타나 대성당^{Catedral Metropolitana de Florianópolis} 역시 카니발 때문에 문은 닫혀 있었다. 그런데 어디에선가 노랫소리가 들려왔다. 대성당 담벼락 아래, 사람들이 모여 있었다. 카포에이라다!

카포에이라^{Capoeira}는 브라질 북동부 지역의 흑인 노예들에 의해 16세기부터 시작된 브라질의 전통 무술이다. 동그랗게 모여 앉은 사람들 가운데에서 두 명이

겨루기를 하고 있었다. 카포에이라의 겨루기는 공격, 피하기, 공중제비 동작으로
이루어진다. 손이 묶여 있던 노예들에 의해 만들어졌기 때문에 발을 사용하는
동작들이 많다. 겨루기를 하는 두 사람도 서로의 몸에 닿지 않게 호흡을 맞췄다.

그런데 독특하게도 카포에이라에는 즉흥 연주와 노래가 있었다. 기다란 활
처럼 생긴 베링바우Berimbau를 연주하는 남자가 일어서서 노래를 부르자 모두
따라 불렀다. 탬버린처럼 생긴 빤데이루Pandeiro, 드럼인 아따바끼Atabaque를 맡은
이들도 박자를 맞추며 함께 노래와 연주를 했다. 아프리카 흑인들에게서 유래
했다더니 악기도, 멜로디도 아프리카의 색깔이 묻어났다. 템포는 빠르지만 어
딘가 구슬프게 들렸다. 카포에이라의 노랫말은 고된 삶을 토로하고, 고향을 그
리워하며 자유와 평화를 노래한다고 한다. 카포에이라의 음악에는 식민 시대
에 저항했던 흑인 노예들의 정신이 담겨 있다 해도 될 것이다.

카포에이라는 한 때 브라질에서 금지되기도 했다. 아프리카 흑인들이 결속
하거나 다치기라도 하면 농장의 생산량에 손실을 가져오기 때문이었다. 하지만
1930년대 이후, 카포에이라가 브라질의 전통 무술로 자리 잡게 되면서 많은 이
들이 즐기는 건강한 스포츠가 되었다. 흑인 노예들을 달래주었던 수 세기 전의
무술이 이제는 브라질 고유의 정신이 담긴 전통 무술로 남게 된 것이다.

다시 가슴 뛰고 싶다면 브라질

요새와
바다

길쭉한 모양의 섬인 플로리아노폴리스는 내륙과 다리로 연결되어 있어 자연히 교통이 편리한 센트로 주변으로 도시가 발달하였다. 반면 오롯이 바다를 바라보며 휴양을 즐기기에 좋은 고급 리조트와 호텔들은 섬의 북단에 밀집하여 들어섰다. 그 일대에 서로 다른 분위기의 해변이 여럿 있는데 그 중에서도 주레레 해변 Praia de Jurerê Internacional 과 잉글레스 해변 Praia dos Ingleses 이 인기가 많다. 우리는 본격적인 물놀이 전, 주레레 해변 가까운 곳에 있다는 요새에 잠시 들러보기로 했다.

플로리아노폴리스는 아름다운 해변을 가진 휴양도시로 유명하지만 역사적으로는 군사적 요충지였다. 포르투갈과 식민지 브라질 사이의 교두보였던 히우지자네이루와 아르헨티나의 부에노스아이레스 사이에 위치하기 때문이다. 그래서 존재할 수밖에 없었을 요새 Fortaleza de São José da Ponta Grossa 로 향했다. 가파른 길을 따라가자 돌을 쌓아 만든 견고한 요새가 나타났다. 그 앞의 바다는 가슴이 탁 트이도록 아름다웠다. 망망대해라는 표현을 이럴 때 쓰는 걸까. 초록빛으로 빛나는 넓은 바다와 가파른 절벽에 부딪혀 부서지는 하얀 파도가 만들어내는 경치가 가히 예술이었다. 그저 브라질 사람들이 매긴 평점이 높아 구경이나 할 생각으로 들렀는데 이토록 멋진 경치를 보게 될 줄이야. 깜짝 선물을 받은 기분이었다.

요새는 아직 문을 여는 시간이 되지 않았다. 앞에서 머뭇거리는데 'Praia do Forte'라는 팻말이 보였다. 팻말이 가리키는 내리막길을 따라 가보았다. 그러자 눈앞에 펼쳐진 것은 햇살이 반짝이는 초록 바다, 그리고 큼직한 바위가 울타리가 되어주는 아늑한 해변이었다. 많지 않은 사람들이 작은 해변에서 오붓하게 바다를 즐기는 모습이 참 좋았다.

"와, 여기 분위기 정말 좋다."
"그러니까. 진짜 멋있다. 우리도 그냥 여기서 놀까?"

계획대로 착착 진행되는 것만이 어디 여행이라 할 수 있을까. 이렇게 상황과 기분에 따라 달라지고 그래서 더 즐거운 것이 진짜 여행 아닐까. 그래서 우리는 그대로 눌러 앉았다. 해변의 유일한 식당 야외 테이블에 자리를 잡고 앉아 새우가 듬뿍 들어간 빠스떼우와 감자튀김, 새우를 얹은 소고기 빨메지아나^{Parmegiana}를 주문해 맛있게 먹었다. 아이들은 아름다운 바다에서 신나게 놀았고 나도 밀가루보다 보드라운 모래 위에 맨발을 비비고 앉아 초록 바다를 바라보았다.

돌아가는 길, 닫혀 있던 요새의 문이 활짝 열려 있었다. 들어가보니 해안 경비대의 초소와 녹슨 대포, 감옥, 군인들의 숙소, 작은 예배당이 있었다. 1740년,

산타카타리나 주의 북쪽 만^{Baia Norte}으로 가기 위해 반드시 지나야하는 길목에 세워진 요새는 이 바닷길을 지키는 든든한 파수꾼이었겠지. 지금은 초록 잔디로 뒤덮여 아름다운 경치를 자랑하지만 이 섬과 도시, 나라를 굳건하게 지켜내느라 아름답기보다 치열했을 요새의 과거가 눈앞에 그려지는 것 같았다.

곳곳에서 짙은 세월의 흔적이 느껴지는 아름다운 요새. 그 위에서 끝없이 펼쳐진 푸른 바다를 바라보며 우리는 플로리아노폴리스의 정취를 만끽했다.

베뚜까헤루월드
놀이공원

　어느 날, 아이들과 텔레비전을 보고 있는데 놀이공원 광고가 나왔다. 평소에도 미국 올랜도의 디즈니월드 광고가 자주 나오는 터라 대수롭지 않게 지나쳤는데 이름이 생소했다. 남편에게 묻자 우리가 브라질에 왔던 첫 해에 가볼까 고민했었던 바로 그 놀이공원, 베뚜까헤루월드라고 했다. 당시에는 아이들이 5살, 2살로 너무 어렸고, 7시간이나 차를 운전하는 것이 엄두가 나지 않았다. 하지만 이제는 가 봐도 괜찮겠다는 생각이 들었다.

　베뚜까헤루월드 놀이공원 Beto Carrero World 은 브라질 남부 산타카타리나 주의 페냐 Penha 시에 있다. 개장 시간을 맞춰보겠다고 아침을 먹자마자 곧장 출발했다. 달리는 차 안에서 아이들이 부족한 잠을 청한 사이, 도착했다. 얘들아, 텔레비전에 나왔던 거기에 우리가 왔어!

　총천연색 물감으로 마블링 한 것 같은 알록달록한 성이 우리를 반겼다. 광장에는 말을 타고 달리는 사람의 형상이 금빛 조형물로 세워져 있었다. 이 놀이공원의 창업인인 베뚜 까헤루 Beto Carrero 였다. 어려서부터 카우보이와 서커스를 좋아했던 그는 라디오, TV, 영화에 출연한 방송인이자 사업가였다. 그는 브라질 사람들이 디즈니월드에 방문하는 것을 보며 브라질에도 그에 못지않은 놀이공원을 만들겠다는 꿈을 가지게 되었다. 마침내 1991년 14km^{2}의 규모로 남미에

서 가장 큰 놀이공원이자 세계에서 다섯 번째로 큰 베뚜까헤루월드를 만들게 되었다.

놀이공원은 9개의 세부 지역으로 나누어지는데 어린이용 및 성인용 놀이기구, 뮤지컬 극장, 동물원 등 다양한 시설이 있다. 먼저 아이들이 탈만한 놀이기구를 찾아갔다. 한국에서도 타보았던 하늘코끼리, 대관람차, 회전하는 커피잔, 범퍼카 등 여러 놀이기구를 재미있게 탔다. 커다란 호수에서 페달을 밟으며 나룻배도 탔다. 서커스장을 본뜬 모습으로 만든 푸드코트 한가운데에는 금빛으로 빛나는 회전목마가 있었다. 불을 밝힌 회전목마는 환상적으로 보이기도 했지만 어른들이 식사하는 동안 아이들을 즐겁게 해주어서 더 좋았다.

오후에는 아이들이 기대했던 마다가스카Madagascar 공연을 보러 갔다. 베뚜까헤루월드는 2002년 드림웍스, 유니버셜 스튜디오와 협약을 맺고 일부 놀이기구와 뮤지컬 쇼를 들여왔다. 그런데 어? 등장인물도, 무대도, 내용도 너무 익숙했다. 맞다, 브라질에 오기 전 한국에서 보았던 마다가스카 쇼와 똑같았다. 우리는 반가운 마음에 놀랐고, 아이들은 영화 속 주인공들이 나와 신기한 서커스를 선보이는 뮤지컬을 무척 재밌어했다.

그 밖에도 서커스와 아크로바틱을 접목시킨 '블럼 ^{Blum}'공연도 보고, 다른 놀이기구들도 더 타보았다. 동물원에서는 온몸이 하얀 털로 덮인 백마를 보고 브라질에서 잠시 승마를 배웠던 딸아이가 무척 좋아했다. 말과 마음이 조금은 통했던 걸까. 브라질 사람들이 연신 달래도 고개를 내주지 않았던 백마였는데 아이가 쓰다듬자 얼굴을 보이며 가만히 기다리고 있었다. 무척 사랑스러운 광경이었다.

시간은 훌쩍 지나 벌써 늦은 오후가 되었다. 그런데 갑자기 비가 내리기 시작했다. 비도 피할 겸 눈앞에 보이는 건물로 들어갔다. 그곳은 '카우보이의 꿈 O Sonho do Cowboy'이라는 뮤지컬의 전용극장이었다. 뮤지컬은 카우보이가 활약하는 시대극이어서 배우 모두가 당시의 옷차림을 하고 있었다. 우연히 들어와 보게 된 공연이었는데 꽤 전문적이어서 놀랐다. 게다가 카우보이들은 실제 말을 타고 무대 위에 등장했다. 카우보이를 무척 사랑했던 베뚜 까헤루답다는 생각이 들었다. 뮤지컬까지 다보고 나오자 저녁 7시. 이곳에 들어온 지 벌써 9시간이나 지났다니. 아쉽지만 이제 돌아갈 시간이다.

그저 광고를 보고 찾아온 놀이공원이었지만 우리 가족 모두 동심으로 돌아간 하루를 보냈다. 브라질 사람들을 위해 멋진 놀이공원을 만들고야 말겠다는 베뚜 까헤루의 꿈이 공개되었을 때 많은 사람들은 믿지 않았을 것이다. 지금도 와보지 않고 그저 그럴 것이라 이야기하는 사람들도 많을 것이다. 하지만 뮤지컬 제목처럼 그의 이룰 수 없을 것 같던 꿈은 이렇게 실현되었다. 그것도 아주 멋지게.

19세기 브라질에는 많은 유럽 이민자들이 이주해왔다. 이들은 계약농민인 꼴로누가 되어 농장에서 일하거나 개척이민자가 되어 땅을 개간해 농사를 짓고 목장을 운영했다. 특히 브라질에서 가장 남쪽인 히우그란지두술 주에는 말을 타고 소를 키우며 사는 카우보이들이 많았다. 이들을 가우슈Gaúcho라 부른다.

가우슈는 브라질 남부 지역의 광활한 초원을 바탕으로 농업과 목축업을 크게 성장시켰다. 외로운 유목생활을 견디며 만들어낸 그들의 생활방식은 가우슈의 문화가 되었다. 브라질의 대표 요리인 브라질식 바베큐, 슈하스코가 이들에서 비롯되었다. 조롱박에 남미의 녹차라 불리는 마테를 넣고 봉바Bomba라는 이름의 은 빨대로 마시는 쉬마헝Chimarrão 역시 이들의 문화다. 그 밖에 셔츠와 스카프, 통 큰 바지, 가죽장화, 카우보이 모자와 같은 그들의 옷차림 역시 가우슈의 상징이다.

가우슈만의 강인한 정신력과 목축업의 발전에 힘입어 히우그란지두술은 1836년, 공화국이 되기 위해 독립운동을 전개하기도 했다. 비록 실패로 돌아가기는 하였지만 이를 계기로 더 많은 유럽, 특히 이탈리아 이민자들이 이곳에 정착하게 되었다. 지금까지도 히우그란지두술 주의 사람들은 매년 가우슈 축제를 열며 그들의 역사와 정신을 잊지 않으려 노력한다. 이탈리아, 독일 등 유럽 이민자들이 정착한 브라질 남부 지역. 그리고 어려서부터 말타기를 배우고, 소를 치며 평생 이곳에서 살아온 가우슈들. 이들이 만들어낸 역사와 전통은 지금까지도 변함없이 이어져 내려오고 있다. 브라질 카우보이들의 삶과 정신으로.

플로리아노폴리스의
멋과 맛

　베뚜까혜루월드 놀이공원에서 플로리아노폴리스로 돌아오던 길, 저녁식사를 위해 한 식당에 들렀다가 깜짝 놀라고 말았다. 식당 정원의 우거진 수풀 사이에 놓인 길을 따라 걷자 마치 고급 리조트의 프라이빗 비치 같은 한적한 해변이 나타난 것이다. 해가 저물어가는 무렵의 브라질 바다는 무척 아름다웠다. 이토록 로맨틱한 저녁 바다라니. 마음이 콩닥거렸다.

　사실 남편은 이번 여행을 계획할 때부터 이곳에 가자고 했다. 대단한 이유는 아니었다. 그저 언젠가 이 도시에 출장을 왔을 때 굴이 특산물이라는 것을 알게 되었고 홀로 맛있게 굴을 먹으며 아내가 생각난 모양이었다. 그래서 숙소로 가는 길에 가볼만한 맛있는 식당을 찾아보았다고 했다. 브라질 내륙도시에서는 싱싱한 해산물, 특히 상하기 쉬운 굴이나 조개 같은 어패류는 날 것으로 만나기 어려워 굴을 좋아하는 난 늘 아쉬워했다. 그런 아내를 기억해준 그의 마음 씀씀이에 진한 감동과 고마움이 밀려왔다.

　창밖으로 펼쳐진 바다를 바라보며 이야기를 나누는 사이, 음식이 나왔다. 치즈를 얹어 구운 굴 그라탕Ostra Gratinada을 보자마자 군침이 돌았다. 초장에 찍어 먹는 생굴도, 고소한 굴전도, 국물이 끝내주는 굴 국밥도 맛있지만 치즈를 얹어 구운 굴 그라탕도 무척 맛있었다. 굴과 치즈의 풍미가 입안을 가득 채웠다. 뒤

이어 나온 모께까는 살이 탱글탱글한 생선살부터 커다란 새우, 문어, 오징어 등 큼지막하게 잘라 넣은 해산물이 아주 푸짐하게 들어 있었다. 하얀 쌀밥에 모께까 한 국자를 끼얹고, 삐랑과 파로파를 곁들여 먹으니 더없이 행복한 식사였다.

문득 그런 생각이 들었다. 언제부터 내 입에 모께까가 맛있어졌을까. 처음에는 생선에 토마토와 코코넛 밀크가 혼합된 국물의 맛이 참 어색하기만 했는데. 언제부터 이렇게 브라질을 좋아하게 되었을까. 과연 잘 살아갈 수 있을까 염려했던 브라질에서 이렇게 재미나게 여행을 하며 살아가고 있다니. 지나온 시간들이 믿기지 않았다. 행복하고 감사했다. 이렇게 맛있는 굴과 모께까를 실컷 먹을 수 있어서, 해가 저물어가는 아름다운 브라질 바다를 볼 수 있어서, 무엇보다 우리 가족 모두 브라질에서 건강하게 잘 지낼 수 있어서 무척 행복한 밤이었다.

다음 날, 모후다크루스 전망대^{Mirante do Morro da Cruz}에 들렀다. 이름 그대로 언덕 위에 커다란 십자가가 세워져 있었고 탁 트인 바다와 섬의 끄트머리, 그리고 다

리로 연결된 내륙을 모두 볼 수 있는 곳이었다. 마치 모래시계처럼 만나는 두 개의 땅 위에 빽빽하게 들어선 고층빌딩의 모습은 휴양지이면서 동시에 도시인 이곳의 독특한 매력을 뚜렷하게 보였다.

이번에는 호수로 향했다. 전망대에서 보았던 내륙과는 반대 방향에 있었다. 도착할 무렵, 길가에 주차된 자동차 몇 대와 알록달록 멋지게 만들어 놓은 글자 조형물이 나타났다. Sou Bem Floripa. 나는 플로리아노폴리스 사람이라니. 호기심에 가까이 가보았다. 그곳은 우리가 찾아가는 콩세이성 호수가 내려다 보이는 전망대였다. 플로리아노폴리스에서 가장 큰 호수이면서 숲으로 우거진 언덕, 모래가 쌓여 만들어진 사구, 해변까지 모두 가지고 있는 콩세이성 호수 Lagoa da Conceição. 방금 전 전망대에서 바라본 경관과는 또 달랐다. 게다가 여기에서는 호수를 둘러싼 언덕 너머로 두 개의 해변까지 보여 한눈에 호수와 바다가 동시에 보였다. 그저 호기심에 들른 장소에서 이토록 멋진 풍경을 만날 줄이야. 예상하지 못했던 행운에 즐거웠다.

호수 전망대를 지나 호숫가에 있는 한 식당에 도착했다. 이곳에도 예상하지 못했던 매력이 숨어 있었다. 저렴한 가격에 먹을 만한 음식이 많아서 평점이 좋았나 했는데 반전은 테라스에 있었다. 테라스에 데크가 길게 연결되어 있어 사

　　　　　　　　　　　　　　　　다시 가슴 뛰고 싶다면 브라질

람들이 데크를 따라 호수 위를 걸을 수 있었다. 시원한 바람이 불어왔고, 물가에는 이름 모를 새 한 마리가 서성이고 있었다. 한적하고 운치 있는 호수가 참좋았다. 밤이 되어 호숫가의 집들이 불을 밝히면 이곳의 풍경이 더 환상적으로멋지겠다는 생각이 들었다.

오후에는 잉글레스 해변Praia dos Ingleses에 갔다. 주레레 해변과는 무척 다른 분위기였다. 수영복과 튜브를 파는 상점, 조개로 만든 기념품을 파는 상점, 가볍게 식사하기 좋은 식당. 와자지껄하지만 정감 있는 한국의 해수욕장과 비슷했다. 우리도 그들 사이에 섞여 해변에 테이블을 깔아놓은 식당에 자리를 잡았다. 아이들은 파라솔 밑에서 모래놀이를 했고, 우리 부부는 식당에서 만들어온 음식을 즐겼다. 백사장에서 바다를 바라보며 마음껏 음식을 먹고 쉴 수 있다니. 한국에서라면 상상할 수 없는 일이 브라질의 바다에서 펼쳐졌다.

이번 플로리아노폴리스 여행 동안 우리는 세 개의 해변과 한 개의 호수에 가보았다. 60여개에 달하는 해변 중 극히 일부였지만 저마다 다른 매력이 있었다. 우리가 가보지 못한 해변은 얼마나 또 다른 멋이 있을까. 하나의 도시에서 서로다른 느낌의 바다를 만날 수 있다는 것. 아마도 이것이 플로리아노폴리스의 매력이 아닐까.

Curitiba

꾸리치바

친환경 생태도시

왜 우리는
꾸리치바에 갔을까

    알람을 맞춰놓은 시간이 되기도 전에 약속이라도 한 듯 남편과 나는 눈이 떠졌다. 덕분에 예정보다 일찍 집을 나섰다. 오늘은 브라질에서 카니발^{Carnaval}이 시작되는 날이다. 매년 돌아오는 긴 연휴에 여행을 떠나는 사람들이 많기 때문에 일찍 출발하기로 약속을 해둔 터였다. 그래도 그렇지, 새벽 4시에 똑같이 눈이 떠지는 건 뭐람. 떠난다는 설렘이 이렇게 큰 에너지를 주는 것이었나. 잠든 아이들을 카시트에 태우고 서둘러 집을 나섰다. 새벽 5시, 까만 밤을 달려 꾸리치바로 향했다.

    꾸리치바*는 브라질 파라나^{Paraná}주의 주도이자 생태도시로 유명한 곳이다. 나는 녹색평론사에서 나온 '꿈의 도시 꾸리찌바'라는 책을 통해 처음 접했다. 대학원에서 공부하던 시절, 환경 NGO 출신인 한 선배가 내게 소개해준 덕분이었다. 그 책의 주인공인 꾸리치바는 서울시의 버스 전용 차선과 교통 환승 체계의 모델이 된 브라질의 생태도시라고 했다. 독일이라면 몰라도 브라질에 생태도시가 있다니. 낯설게 느껴졌다. 몇 년 후, 브라질에 가기로 결정이 되고 나자 문득 이 책이 떠올랐다. 다시 읽으며 기회가 된다면 한 번쯤은 직접 가서 눈

• 쿠리치바

으로 확인하고 싶다는 작은 소망이 생겼다.

　꾸리치바는 집에서 다섯 시간 정도를 운전하면 갈 수 있었다. 짧지 않았지만 덕분에 주의 경계가 바뀔 때마다 기후와 지형에 따라 달라지는 풍경을 볼 수 있어 좋았다. 빽빽하게 심어진 바나나무, 브라질에서 샐러드로 먹는 야자순 빠우미토Palmito를 얻을 수 있는 야자나무, 높이 솟은 줄기가 독특한 유칼립투스 나무. 보이는 것들마다 무척 이국적이어서 가는 여정 전체가 멋진 여행 그 자체였다. 그렇게 한참을 달려 우리는 꾸리치바에 도착했다.

　솔직한 첫 인상은 의아함이었다. 책에서 이미 보았던 튜브형 버스정류장도 길에서 보았고, 확실히 도로가 잘 정비되어 있었지만 다른 브라질 도시와 확연하게 다른 차이를 느끼지 못했다. 그러나 조급해하진 않았다. 그저 이 도시에서

지내다 보면 차차 알게 되지 않을까? 우선 오늘은 쉬기로 하고 아이들과 호텔 수영장에 갔다. 한참 노는데 옆에 있던 브라질 커플이 우리에게 어디에서 왔는지 물었다. 한국인이 경험하는 브라질에 대해서도 묻기에 간단히 답을 하고 대화를 이어가다 이번에는 꾸리치바에 산다는 그들에게 내가 물었다.

"꾸리치바는 어때요? 친환경 도시이고, 공원도 많다고 듣긴 했어요."
"네, 꾸리치바 좋아요. 상파울루처럼 복잡하지 않고 훨씬 여유롭죠. 그러면서 대도시여서 필요한 것은 다 있고요."

막힘없는 그녀의 대답에서 자부심이 느껴졌다. 그녀는 이 도시에서 가볼만한 곳들도 우리에게 추천해주었다. 도대체 무엇이 그녀를 이렇게 만들었을까? 이제 우리가 그 답을 찾을 차례다.

재미와 감성이 넘치는
재래시장

꾸리치바에 도착한 날, 가볼만한 곳을 찾느라 현지인들의 후기를 읽어보는데 일요일마다 서는 재래시장Feira do Largo da Ordem이 있다고 했다. 그래서 다음 날, 센트로 역사지구Centro Histórico로 향했다.

골목 좌우에는 이 거리가 형성될 때 세워진 건물들 아래 저마다 만들어온 물건을 판매하는 상인들의 가판이 줄지어 있었다. 손으로 만든 뜨개 인형, 나무 장식품, 바느질로 만든 앞치마, 비누 등 종류도 다양했다. 그 중에는 납작하게 눌린 유리 맥주병도 있었는데 종이로 된 라벨을 고스란히 붙이고 있었다.

"이거 진짜 맥주 병 맞아요?"
"그럼요. 이거 봐요. 똑같죠?"

아주머니는 싱글벙글 웃으며 익숙한 유리병을 꺼내 보여 주었다. 두 개가 완벽하게 같았다. 그저 하나가 납작하게 눌렸다는 것 말고는. 어떻게 이렇게 깨뜨리지 않고 만들었을까. 신기한 마음에 브라질 맥주 오리지나우Original 병으로 만든 시계를 골랐다. 값어치 있는 것은 아니었지만 브라질을 추억하기에 충분했다.

　골목 안으로 들어가자 광장이 나타났다. 작고 하얀 오르뎅 성당Igreja da Ordem 앞에는 바닥에 중고 책을 깔아놓고 파는 상인도 있고, 깨끗하게 닦아놓은 빈티지 찻잔과 그릇을 판매하는 상인도 있었다. 18세기 도시의 모습을 고스란히 간직한 센트로 역사지구에서 빈티지 소품을 판매하는 재래시장은 지금까지 브라질에서 경험하지 못했던 매력이었다. 영국 런던의 빈티지 마켓으로 유명한 포토벨로 마켓만큼이나 재미와 감성이 넘쳤다. 그럼에도 불구하고 이곳이 유럽이 아닌 브라질이라 느낄 수 있었던 것은 그 옆에 자리한 먹을거리 때문이었다. 방금 튀겨낸 빠스떼우, 타피오카, 즉석에서 짠 사탕수수주스, 코코넛, 오렌지주스까지. 어떠한 첨가물 없이 오직 자연의 재료로만 만든 맛있는 먹을거리들은 이 땅에서만 맛볼 수 있는 진짜 브라질의 맛이었다.

　간식을 먹으며 열기를 잠시 식힌 후에 꾸리치바 대성당Catedral Basílica Menor de Nossa Senhora da Luz dos Pinhas까지 걸으며 이 거리의 분위기에 흠뻑 빠졌다. 북적이는 사람들과 고즈넉한 건물, 멋스러운 빈티지 소품과 수공예품이 어우러진 재래시장에는 재미와 감성이 가득했다.

꾸리치바 대성당 앞 버스정류장에서 독특한 나무를 보았다. 길게 뻗은 가지가 위가 아닌 옆을 향해 수평으로 나 있고, 잎사귀는 가지 끝에 뭉쳐서 났다. 아라우까리아 ^{Araucária} 나무였다. 브라질 소나무인 아라우까리아 나무는 파라나, 산타카타리나, 히우그란지두술과 같은 브라질 남부 지역과 상파울루, 미나스제라이스의 일부 고지대에 서식한다.

아라우까리아 나무의 열매는 삐녕 ^{Pinhão}이라 부른다. 동그란 열매를 까보면 길쭉한 삐녕이 빽빽하게 채워져 있다. 삐녕을 감싸고 있는 갈색 속껍질을 벗겨내면 뽀얀 열매가 나타나는데 익혀먹으면 한국의 잣이나 밤과 비슷한 맛이 난다. 은은하게 느껴지는 단맛과 고소한 맛이 있고, 비타민과 칼슘 등 영양이 풍부해 브라질 겨울의 맛좋은 간식이다.

매년 선선한 바람이 불어올 때면 브라질 시장이나 마트에서 삐녕을 팔기 시작했다. 곧 겨울이 찾아온다는 소식이나 다름없었다. 주먹만큼 사온 삐녕을 익힌 뒤, 칼로 속껍질을 벗겨내 아이들 입에 넣어줄 때면 추운 겨울밤마다 고소한 밤을 까 내 입에 넣어주시던 엄마가 생각났다. 그렇게 낯선 브라질 나무 열매를 먹으며 우리는 그리움을 달랬다. 겨울을 맞이했다.

꾸리치바 식물원과
환경대학

    브라질 사람들이 꾸리치바를 떠올리면 제일 먼저 생각나는 것은 아마도 꾸리치바 식물원^{Jardim Botânico de Curitiba}이 아닐까 싶다. 꾸리치바 식물원은 1991년에 문을 연 프랑스 정원 스타일의 식물원으로 약 28만m²의 면적에 다양한 종류의 식물이 자라고 있다. 특히 식물원 안쪽에 세워진 독특하고 아름다운 온실로 유명하다.

    여행 셋째 날, 우리도 식물원에 갔다. 오전이었는데도 해가 쨍쨍해 더웠지만 덕분에 식물원 안에는 빛을 받아 파랗게 반짝이는 풀과 나무로 싱그러움이 가득했다. 식물을 정성껏 키우고 반듯하게 다듬어 완성한 정원의 모습은 굳이 과목에 비유하자면 미술보다 수학에 가깝게 느껴질 정도로 잘 정돈되어 있었다. 브라질 특유의 투박하지만 멋스러운 정원보다는 유럽 귀족의 섬세한 정원 같았다. 프랑스 정원에서 영감을 받아 조성되었다는 설명이 딱 맞는 풍경이었다. 게다가 식물원 곳곳에 세워진 가로등과 작은 분수, 조각상은 어찌나 로맨틱하던지. 본래 풀과 나무, 자연을 사랑하고 정원 가꾸기를 좋아하는 브라질 사람들에게도 색다르게 느껴질 것이라 확신했다.

    꽃잔디를 깔아놓은 듯 풍성하게 심어진 분홍 꽃길을 따라 유리 온실로 걸어갔다. 정원이 넓어서인지 온실은 상대적으로 작아보였지만 곡선이 중첩된 형

태의 온실 디자인이 무척 특이해 첫인상만큼은 강렬했다. 온실 안에는 브라질에서 익숙하게 보았던 열대나무들이 심어져 있었다. 온실 안의 철제 계단을 따라 걸으며 둘러보고 다시 밖으로 나왔다.

그러자 조금 전에 우리가 걸어왔던 정원이 한눈에 들어왔다. 자를 대고 그린 듯 반듯하게 정리된 모습이 무척 독특하고 아름다웠다. 꾸리치바 식물원을 처음 마주했을 때, 미술보다 수학을 먼저 떠올렸던 나의 감이 역시 틀리지 않았다. 꾸리치바 식물원은 무엇이든 풍성하게 자라는 브라질의 강한 생명력과 예술에 가까운 프랑스식 조경이 만나 어디에서도 흉내 낼 수 없는 아름다운 식물원으로 완성되었다.

꾸리치바에 대해 찾아볼 때부터 내심 궁금했던 환경대학UNILIVRE에도 가보았다. 대학원에서 환경교육을 공부했던 탓에 궁금하기도 했지만 여행 후기도 좋은 곳이었다. 왜 대학교가 꾸리치바 여행지 목록에 있을까? 다녀온 사람들은 왜 여기가 좋았다고 했을까? 무척 궁금했다.

하지만 내가 마주한 풍경은 예상과 다르게 대학과는 거리가 먼, 고즈넉한 공원 같은 곳이었다. 정체는 모르겠지만 나무가 놓인 오솔길과 그 위로 천연 그늘을 만들어주는 우거진 숲이 좋아 우선 걸었다. 오순도순 이야기를 나누며 숲길을 걷다 보니 이번에는 호수가 나타났다. 얕은 호수 주위를 가파른 절벽이 둘러싸고 있는 무척 독특한 풍경이었다. 왜 이곳을 다녀온 사람들이 좋았다고 이야기했는지 조금 알 것 같았다. 하지만 여전히 내 머릿속에는 왜 이곳이 환경대학인건지 아리송하기만 했다.

그곳에는 통나무를 기둥으로 세워 만든 나선형 건물이 있었다. 가까이 다가가보니 거대한 통나무집처럼 보였다. 이곳에 올라가보면 정체를 알 수 있으려나. 우리도 나선형으로 만들어놓은 길을 따라 올라갔다. 보이는 것은 역시 통나무로 만들어 놓은 작은 강의실이었다. 환경대학의 엠블럼이 그려진 깃발이나 로봇 같은 것들이 창문 너머에 보였다. 꼭대기에 오르자 아래에서 보았던 절벽과 호수가 모두 내려다 보였다. 경치만큼은 탁월하게 아름다웠다. 마침 선선한 바람이 불어와 더욱 기분이 좋았다.

모두 둘러보고 다시 처음 입구로 나왔다. 경치는 꽤 멋있었지만 결국 정체는 알지 못했다. 그 답을 찾으려 검색을 하자 이곳의 홈페이지가 나타났다. 들어가 찬찬히 읽어보았다. 예상대로 이곳은 진짜 대학이 아니었다. 환경대학의 이름은 'Universidade Livre do Meio Ambiente'. 'Livre'가 'Free'를 뜻하니 환경을 가르치는 자유 대학, 또는 열린 대학으로 생각하면 될 것이다. 이곳은 시민들을 위해 다양한 환경교육을 실천하는 환경 NGO(비정부 기구)였다.

이 환경자유대학은 꾸리치바의 시장이었던 자이미 레르네르에 의해 설계된 곳으로 일반 시민들을 위한 환경교육센터로서 기능하고 있었다. 지금의 장소에서 1992년부터 활동하며 환경 보존과 개발이 공존할 수 있는 지속가능한 미래를 위해 연구하고, 시민들을 위해 교육하는 일을 하고 있었다. 이곳에 놓인 독특한 나무 건물도 통나무로 만든 폐전주를 활용해 지었다고 한다. 버려진 땅을 공원으로 만들고, 시민들을 위한 환경 교육의 자리를 마련하는 것. 꾸리치바 행정의 중심에 '사람과 자연'이 놓여있기에 가능한 일이다. 꾸리치바의 상징 같은 아름다운 식물원과 환경대학을 걸으며 이 도시가 녹색 도시가 된 비결에 한 걸음 더 가까이 다가갔다.

세상을
담는 눈

"오스카 니에메예르? 니에마이어?"

오스카 니마이어^{Oscar Niemeyer}. 보고도 읽을 수 없었다. 무척 생소한 이름만큼이나 이제까지 한 번도 본 적 없는 형태의 건물이었던 오스카 니마이어 박물관. 포스트모더니즘 건축가인 그가 만들어낸 획기적인 형태의 건물과 그의 영감에 난 반했고, 결국 브라질리아 여행까지 다녀오게 되었다. 돌이켜보면 그 시작은 꾸리치바에서 만났던 오스카 니마이어 박물관에서부터였다.

오스카 니마이어 박물관은 사진으로도, 직접 봐도 무척 신기하다. 노란 타일을 붙인 사각 기둥 위에 유리 타일을 붙인 둥근 형태의 구조물을 얹은 모습이었다. 그 주위로 나선형의 길이 연결되어 있고, 호수와 잔디가 주위를 둘러싸고 있었다. 건물의 윗부분이 사람의 눈을 닮았다 하여 붙여진 '눈 박물관^{Museu do Olho}'이라는 별명과 딱 들어맞았다. 박물관은 1967년에 처음 디자인 되어 2003년에 완성되었다. 당시 그의 나이가 95세였다고 하니 어쩌면 건축가의 일생을 통해 축적된 예술적 영감이 이 건물 하나에 집약되어 있을지도 모르겠다는 생각이 들었다.

박물관은 층마다 여러 개의 전시실로 나누어졌다. 서로 다른 주제로 전시가

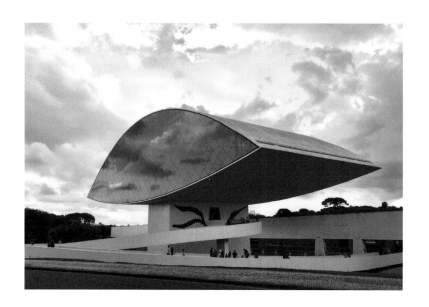

이루어지고 있어 아이들과 천천히 걸으며 볼 것이 많았다. 우리에게 친숙한 스페인의 초현실주의 작가, 후안 미로에서부터 에콰도르의 오스왈도 과야사민과 브라질 현대 미술 작가들의 작품이 있었다.

박물관에는 아이들을 위한 교육관도 있었다. 미술관 나들이를 할 때면 자기 나름대로 무언가 만들어보는 것을 좋아하는 딸아이를 위해 우리도 내려가 보았다. 친절한 직원은 교육활동 시간이 얼마 남지 않았다며 서둘러 안내해주었다. 아이는 설명을 들으며 칸마다 크레파스를 쓱쓱 칠하고 다시 옮겨 붙여 작품을 완성했고, 다른 브라질 친구들의 작품 옆에 자신의 그림을 나란히 걸었다. 누구의 도움 없이 스스로 해내었다는 성취감에 아이의 얼굴에는 함박웃음이 피었다. 보기만 하는 것이 아니라 아이가 직접 무언가를 해볼 수 있는 미술관이어서 더 반가웠다.

관람을 마치고 밖으로 나왔다. 마지막으로 한 번 더 미술관을 보겠다고 고개를 돌리자마자 난 '아!' 하고 탄성을 지를 수밖에 없었다. 눈이라 불리는 박물관의 유리 부분에 브라질의 하늘이 담겼다. 파란 하늘과 뭉게뭉게 피어나는 하얀 구름. 사람의 눈처럼 이 세상을 고스란히 담는 박물관의 눈이었다. 어쩌면 이것이 오스카 니마이어가 담고 싶었던 메시지일지도 모르겠다는 생각이 들었다. 고작 유리 타일을 덧대어 붙인 차가운 건물에 불과하지만 사실은 이 세상을 담는 투명한 눈이 되어 많은 사람들의 마음에 따스한 감성을 더하도록, 번뜩이는 재치와 창의적인 생각을 담아내도록 만들었던 것은 아닐까. 놀랍도록 창의적이며 동시에 아름다운 오스카 니마이어 박물관 앞에서 나는 그렇게 그의 세상과 만날 수 있었다.

시민과
함께하는 공원

맛있는 점심을 먹고 나니 아이들은 졸음이 쏟아지는지 차에서 잠이 들었다.
이제 슬슬 다른 곳으로 가볼까? 이 도시에 도착했던 날, 호텔에서 만난 브라질
커플이 추천해주었던 땅구아 공원 Parque Tanguá이 생각났다.

땅구아 공원은 한적한 곳에 있었다. 독특한 전망대와 깔끔한 분수가 있어 산
책하기 좋겠다는 생각이 들었지만 한편으로는 왜 꾸리치바에 있는 많은 공원
중에 여기가 최고라고 했는지 잘 이해되지 않았다. 혹시 전망대 위에 올라가 보
면 알 수 있을까? 좁은 계단을 따라 올라갔다. 그 위에 서니 공원 반대편의 낮
은 지대가 한눈에 들어왔다. 하늘 아래 펼쳐진 들판과 숲, 그 사이에 자리한 집
들이 만들어내는 경치가 멋졌다. 전망대 아래에 있는 인공폭포가 낮은 지대의
호수로 떨어져 위에서 보아도, 반대편 아래 전망대에서 보아도 멋진 경치를 만
들어냈다.

그러나 놀라운 사실은 따로 있었다. 바로 이곳이 과거에는 버려진 채탄장이
었던 것이다. 꾸리치바는 더 이상 쓰지 않는 버려진 땅을 아름다운 공원으로 조
성하고, 풀과 나무를 심어 시민들을 위한 안식처로 만들었다. 이곳 땅구아 공원
뿐 아니라 꾸리치바 최대 공원이라는 바리귀 공원 Parque Barigui 역시 바리귀 하천
이 범람하는 상습 침수 지역을 공원으로 만든 것이다. 넓은 대지에 조성된 자연

다시 가슴 뛰고 싶다면 브라질

림과 호수가 시민들의 쉼터가 되어 주고, 자연적으로 서식하는 여러 동식물을 관찰할 수 있는 공원이 되었다. 성 로렌소 공원^{Parque São Lorenço} 역시 범람하는 벨렘 강 일대를 공원으로 만들어 하천 주변을 보호하고 시민들에게 휴식 공간을 제공한다.

꾸리치바에는 2,100만m²에 달하는 27개의 공립 공원이 있다고 한다. 시민 한 명에게 제공되는 도심 내 녹지가 무려 55m²인 셈이다. 게다가 많은 공원들이 버려진 땅이나 슬럼이 되기 쉬운 지역을 공원으로 바꾼 것이기 때문에 도시를 재생하는 효과까지 가져오게 되었다고 한다. 과연 생태도시다웠다.

이뿐만이 아니다. 꾸리치바에는 다양한 나라에서 브라질로 온 이민자들을 기념하는 공원들도 많다. 칭구이 공원^{Parque Tingui}, 독일 공원^{Bosque Alemão}, 폴란드 공원^{Bosque do Papa}, 일본 공원^{Praça do Japão}은 각각 우크라이나, 독일, 폴란드, 일본의 문화와 전통을 반영해 특색 있게 꾸며 놓았다. 그래서 이곳 시민들은 공원이 제공하는 숲과 이민자들의 문화적 전통을 살린 다양한 멋을 즐길 수 있다.

그 중 일본 공원은 우리가 꾸리치바 여행 동안 묵었던 호텔 바로 앞에 있었다. 그리 크지 않은 공원이었지만 깔끔하게 잘 꾸며놓아 평소 이 지역 주민들이 이용하기 좋아 보였다. 연못이 있어 아이와 구경을 하며 걷는데 바로 앞에 독특한 일본식 건물 하나가 나타났다. 입구에 걸린 족자에 일본 광장^{Praça do Japão}이라 적혀 있었다. 건물 안에는 기모노를 입은 인형, 일본 그릇과 전통 신발 등 일본 문화를 나타내는 소품들이 전시되어 있었고 기념품 가게에서는 나무젓가락과 종이접기 교본, 소품 등을 판매하고 있었다. 기념관 한쪽에는 방명록도 펼쳐져 있었다. 딸아이는 우리 모두를 대표해 날짜와 이름, 우리가 사는 도시 이름을 적었다. 우리의 작은 발도장을 찍는 느낌이 들어 기분이 좋았다.

사실 이곳은 빌딩 사이에 자리한 평범한 공원에 불과할지도 모른다. 하지만 일본을 기념할 수 있는 작은 공간을 꾸며놓은 덕분에 재미난 이야기가 담긴 공

원이 되었다. 마찬가지로 칭구이 공원^{Parque Tingui}에는 우크라이나 이민 기념관이 있고, 교황 요한 바오로 2세의 브라질 방문을 기념해 만들어진 폴란드 공원^{Bosque do Papa}에는 폴란드 이민 기념관이 있다. 각 나라의 전통을 살려 지은 집들이 브라질 사람들과 여행자들을 맞이한다. 덕분에 도심 속 공원에서 여행 같은 휴식을 얻을 수 있는 것이다. 버려진 땅에 나무를 심고, 평범한 공원에 재미난 이야기를 입혀 시민들이 쉴 곳을 만든 꾸리치바. 꾸리치바의 공원에는 이런 특별함이 있다.

마지막으로 우리는 마녀할머니를 찾아 독일 공원으로 향했다. 독일 공원^{Bosque Alemão}의 입구에는 예쁜 꽃을 심어놓은 작은 정원과 이국적인 게이트, 그리고 오솔길이 있었다. 길 옆에는 그림책의 삽화와 간단한 글이 적혀 있었다. 이게 뭘까? 어, 저기에 또 있네. 궁금한 아이들이 다다다 뛰어갔다. 그곳에는 방금 읽은 이야기의 앞부분이 적혀 있었다. 아하, 동화 '헨젤과 그레텔'이었다. 우리가 그림책의 마지막 장부터 거꾸로 읽어가며 길을 걷고 있는 중이었다. 오솔길을 따라 이렇게 그림책을 한 장씩 배치했다니. 어쩜 이런 생각을 했을까. 걷는 중에 만나는 작은 연못과 나무다리도 우거진 숲과 함께 아름다운 장면을 연출했다. 무척 재미있는 산책이었다.

그때, 눈앞에 독특한 집 한 채가 나타났다. 나무와 돌로 튼튼하게 만든 오두막집. 설마 마녀할머니의 집이 아닐까? 이곳은 '기쁨의 집 Casa Encantada'이라는 숲속 도서관이었다. 지도에 쓰여 있던 '마녀의 집 Casa da Bruxa'이기도 했다. 활짝 열린 문 안으로 들어가자 그곳에는 책장 가득 책이 꽂혀 있었고, 마녀할머니의 오두막이라 해도 전혀 어색하지 않을 정도로 멋지게 꾸며져 있었다. 그런데 앙상한 나뭇가지에는 마녀 인형과 공갈젖꼭지가 걸려 있었다. 궁금한 마음에 직원에게 물어보았다.

"여기에 왜 이게 걸려 있나요?"
"궁금하죠? 조금 뒤에 여기에서 이야기 시간이 있어요. 그때 오면 알 수 있어요."
"이야기 시간이요?"
"네, 우리 도서관에서는 봉사하시는 마녀할머니들이 아이들을 위해 이야기를 들려주거든요. 여기 보이시죠?"

그녀가 가리키는 곳에는 마녀로 변신한 자원봉사자들의 사진과 이름이 적혀 있었다. 세상에, 이렇게 재미난 시간이 있다니. 우리는 시간에 맞춰 찾아오기로 하고 남은 길을 다시 걸었다. 공원의 오솔길 끝은 나무 계단이었다. 계단을 올라 다리에 오르자 탁 트인 경치가 우리를 맞아주었다. 자연 지형을 그대로 이용해 이렇게 재미나게 공원을 꾸밀 수 있다는 사실에 새삼 놀랐다.

다시 마녀의 집으로 돌아왔다. 브라질 엄마, 아빠들도 아이들과 함께 속속 모였다. 잠시 후, 약속한 시간이 되자 정말 마녀 옷을 입은 할머니가 나타났다. 아이들 사이를 헤집고 나와 벽난로 앞에 앉은 마녀할머니는 재미난 목소리로 인사를 나누었다. 그리고 아이들에게 질문을 던졌다. 그러자 브라질 꼬마가 발그레한 얼굴로 걸어 나왔다. 손에 젖병을 들고서. 이제야 어떤 의미인지 알 것 같았다. 브라질 아이들은 한국과 달리 꽤 오랫동안 젖병과 공갈젖꼭지를 사용한다. 한국처럼 돌 전후로 교육을 시키는 것이 아니라 아이가 스트레스 받지 않

도록 자연스럽게 찾지 않을 때까지 허용하는 편이다. 마녀할머니는 아이에게 이제 정말 젖병과 헤어질 준비가 되었느냐 물었고, 그렇다고 대답한 아이에게 직접 화로에 버리게 했다. 아이가 양손에 들고 있던 젖병을 화로에 버리자 그 자리에 있던 모든 사람들이 용감한 아이를 향해 크게 박수를 쳐주었다.

그 후에는 기다렸던 아이들을 위해 마녀할머니가 재미난 이야기를 시작했다. 물론 다 이해할 수는 없었지만 따뜻한 오두막집에서 브라질 부모들과 둘러앉아 마녀할머니의 이야기를 함께 듣는 그 시간이 무척 소중하게 느껴졌다. 이야기가 끝난 후에는 한 사람씩 마녀할머니와 사진도 찍고, 손에 도장도 받았다. 자기 차례를 기다렸다 마녀할머니와 직접 대화를 나눈 아이가 신난 것은 당연했다.

소소하지만 특별한 경험을 할 수 있는 꾸리치바의 공원들. 작은 숲 하나가 시민들을 위해 멋진 숲 속 도서관으로, 재미난 이야기 세계로, 무엇보다 어려서부터 풀과 나무를 가까이에서 보고 자라는 경험의 터전으로 자리할 수 있다는 것이 참 매력적으로 느껴졌다. 이 도시가 품은 가치가 아름다웠다.

꾸리치바는 미래 세대를 위해 지속가능한 방식으로 살아가는 친환경 도시다. 더 놀라운 사실은 사회 구성원 모두 환경 실천가로 살아갈 수 있도록 시민을 대상으로 하는 환경교육을 실천하며, 특히 어린이들이 주인공이라는 것이다. '지혜의 등대'라 이름 붙인 작은 도서관을 동네마다 설치해 극빈층 아이들에게도 책을 접할 기회를 제공하고, 파벨라 아이들을 위한 프로그램을 운영해 교육의 사각지대에서 방치되지 않게 했다. 파벨라 아이들이 주어온 쓰레기는 그 자리에서 학용품이나 장난감으로 바꾸어주어 조건 없는 나눔으로 무기력하게 성장하게 하지 않았다. 버려진 쓰레기도 결국은 자원이고, 나의 작은 행동이 가치 있다는 것을 가르치는 것이다.

이 모두가 배움에서 실천이 나오고, 작은 실천이 지구를 바꿀 수 있다는 도시의 철학에서 시작된 일일 것이다. 그리고 자라나는 세대를 가르치는 일이야말로 가장 환경적이며, 미래를 위한 일이라고 믿기 때문에 가능한 일이다. 개발과 성장이 미덕인 시대의 흐름에 편승하지 않고, 가장 올바르다 여겨지는 것을 천천히 실천해가는 꾸리치바의 앞날이 더욱 기대된다.

다시 가슴 뛰고 싶다면 브라질

페트병을 닮은
버스 정류장

꾸리치바에는 거리마다 독특한 모습의 버스정류장이 있다. 마치 페트병을 잘라놓은 것 같은 원통형 버스정류장의 이름은 뚜부^Tubo다. 사진으로 본 적은 있었지만 실제 어떻게 생겼는지 몹시 궁금했다. 한 번쯤 자세히 보고 싶던 차에 센트로 역사지구의 재래시장을 구경하러 갔던 날, 거리에서 만나게 되었다.

버스정류장 안에는 이미 요금을 지불한 사람들이 개찰구 안으로 들어가 버스가 오기를 기다리고 있었다. 차례대로 줄을 설 수 있도록 칸이 나누어져 있어 밖에서 보는 것보다 꽤 많은 사람들이 들어가 설 수 있었다. 햇빛과 비를 막아주는 효과까지 있어 보였다. 여러모로 기발한 아이디어가 아닐 수 없다. 덕분에 같은 시간동안 3.2배에 달하는 승객이 탑승할 수 있게 되었고, 승객 한 명당 평균 하루 한 시간의 승하차 시간을 절약할 수 있게 되었다.

그뿐 아니라 버스를 위한 전용 도로가 있고, 두 대의 버스를 이은 것 같은 굴절버스가 도시 곳곳을 다니며 더 많은 승객을 수용한다. 또한 도시 안에서 환승이 가능하도록 교통체계를 정비하고, 도시 곳곳을 연결하는 확장형 버스 노선을 만들어 자가용 없이도 저렴한 요금으로 어디든 편리하게 이동할 수 있다. 이렇게 환경적으로 건강한 도시 계획과 대중교통 체계를 가진 도시, 그래서 서울시의 버스 전용 차선과 교통 환승 시스템의 모델이 된 도시가 바로 브라질의

꾸리치바다.

하지만 처음부터 그랬던 것은 아니다. 파라나 주의 주도인 꾸리치바 역시 산업의 발전과 함께 환경오염으로 몸살을 앓았다. 그러다 1971~1992년까지 시장을 맡았던 자이미 레르네르^{Jaime Lerner}를 통해 변화가 시작되었다. 당시 꾸리치바는 고질적인 침수 문제를 가지고 있었는데 도심 곳곳에 나무를 심고 공원을 만들어 홍수를 예방했다. 특히 버려진 채탄장이나 상습 침수 구간을 공원으로 만들어 도시의 슬럼화를 막고 시민들을 위한 휴식 공간을 제공했다. 또 쓰레기의 분리배출과 재활용을 적극 장려했고, 경제적으로 자립하지 못하는 파벨라 주민들에 대해 조건 없는 지원이 아닌 정당한 노동의 대가로 보상을 제공했다. 예를 들면 극빈층이 분리배출한 쓰레기를 식품으로 교환해주고, 재활용 공장에서는 이들을 고용했다. 도시의 깨끗한 환경을 보전하며, 동시에 사회적 약자들이 일하는 보람을 느낄 수 있게 하는 탁월한 아이디어 아닌가.

이 모두가 오늘날 꾸리치바가 생태도시라 불리는 이유다. 꾸리치바는 유엔

환경계획^{UNEP}으로부터 우수환경상과 재생상을 받았다(1990년). 타임지는 꾸리치바를 '지구에서 환경적으로 가장 올바르게 사는 도시(1991년)'로, 로마클럽은 '세계 12개 모범 도시(1995년)'로 뽑았다. 그리고 세계 많은 나라와 도시들에게 친환경적인 도시 계획과 교통 체계의 모델로 손꼽히게 되었다.

하지만 꾸리치바가 친환경 생태도시라는 것만 듣고 이곳을 다녀온 친구들 중에는 실망스럽다고 이야기하는 경우도 있었다. 자연 경관이 엄청나게 멋지거나 브라질의 여느 도시와는 확연하게 다른 모습을 기대했기 때문일 것이다. 하지만 그것은 '환경'의 의미를 협소하게 이해한 결과다. 흔히 '환경'이라 하면 '환경보호'와 같은 슬로건을 떠올리기 쉽지만 환경이란 자연물만을 뜻하는 것이 아니라 지구상의 동식물들이 함께 살아가며 영향을 주고받는 모든 터전을 일컫는다. 자연히 그 안에는 인간들이 구성해 가는 사회 시스템까지도 포함된다. 그러니 친환경 생태도시는 단순히 자연이 아름답게 보전된 도시만을 뜻하는 것이 아니다. 사회적 약자도 함께 살 수 있는 사회적 기반이 마련된 건강한 도시, 자연에 무리를 주지 않으면서 미래 세대를 위해 지속가능한 방식으로 살아가는 도시를 의미한다. 그런 점에서 볼 때, 꾸리치바는 친환경 생태도시인 것이 분명하다.

· 8 ·

Natal

나따우

브라질 북부 바다여행

북쪽
바다로

　대서양과 맞닿아 있는 7,400km의 동쪽 해안을 따라 매력적인 해변이 발달한 브라질. 특히 브라질 북동부 지역은 연중 따뜻한 기온과 아름다운 바다로 인해 휴양지로 인기가 많다. 포르탈레자^{Fortaleza}, 나따우^{Natal}, 주앙페소아^{João Pessoa}, 헤시피^{Recife}, 마세이오^{Maceió}, 페르난두지노로냐^{Fernando de Noronha} 군도 등이 유명하다. 우리는 그중 히우그란지두노르치^{Rio Grande do Norte} 주의 주도, 나따우[*]에 가기로 했다.

　상파울루에서 나따우까지는 비행기로 세 시간 반 정도 걸린다. 이번에는 콜롬비아 항공사인 아비앙카^{Avianca}를 타고 이동하기로 했다. 라땀, 고우, 아줄에 이어 아비앙카까지 탑승하게 되면서 우리는 브라질 국내선을 운행하는 항공사를 다양하게 이용해보게 되었다. 아이들은 익숙하게 개인 모니터에서 보고 싶은 만화를 골랐고, 체격이 우람한 브라질 아저씨와 엄마 사이에 앉은 아들은 기내식으로 나온 호밀빵 샌드위치를 먹으며 만화를 감상했다. 돌잔치를 하고 얼마 지나지 않아 브라질에 왔던 아이가 벌써 이렇게 컸다니. 지나온 시간이 새삼스럽게 느껴졌다.

• 나타우

잠시 후, 비행기는 공항에 도착했다. 이곳은 이미 어두운 밤이었고, 바다는 짙은 어둠에 가려져 있었다. 내일 해가 뜨면 어떤 풍경이 우리 앞에 나타날까. 설레는 마음으로 잠을 청했다.

다시 가슴 뛰고 싶다면 브라질

브라질에서
호텔을 즐기는 법

나따우 여행 둘째 날 아침, 어제 자정이 넘어 잠이 들었으니 조금 늦잠을 자도 좋으련만. 여행을 떠나면 어째 더 잠이 없어지는지 아이들은 평소에 일어나는 시간이 되자 번쩍 눈을 떴다. 학교 다닐 때는 그렇게 일어나기 힘들어 하면서 쉬는 날이면 어떻게 그럴까. 참 미스터리다.

눈을 비비고 내려가 테라스에서 아침 식사를 했다. 즉석에서 만들어주는 타피오카와 오믈렛은 언제 먹어도 맛있다. 신선한 파파야와 망고, 그리고 커피로 식사를 마무리한 뒤에는 곧장 옷을 갈아입고 수영장으로 향했다. 야자나무와 선 베드가 어우러진 이국적인 풍경의 호텔 수영장에서 아이들은 신나게 놀았다. 얕은 어린이 수영장에서 첨벙첨벙 물놀이를 하거나 조금 더 깊은 곳에서는 보이아^{Boia}라고 부르는 튜브를 팔에 끼고 수영을 했다.

나도 길쭉한 브라질 튜브를 끼고 아이들과 물놀이를 했다. 원통형의 길쭉한 막대모양이 마치 스파게티 면과 닮았다 해서 면을 뜻하는 마카헝^{Macarrão}, 또는 스파게티를 뜻하는 에스파게치^{Espaguete}라 부르는 브라질의 튜브다. 처음 브라질에 왔을 때 수영장마다 있는 것을 보고 도대체 어떻게 쓰는 물건인지 참 궁금했는데 브라질 사람들은 여러 형태로 다양하게 사용했다. 간단하게 가슴 아래를 받쳐 사용하기도 하고, 동그랗게 묶어서 둥근 튜브처럼 쓰기도 한다. 한가운

데에 엉덩이를 대고 말 타는 것처럼 앉아 둥둥 떠다니며 놀기도 한다. 자유자재로 변형시켜 놀 수 있으니 나같이 수영을 못하는 사람도 이것 하나면 얼마든지 재미있는 물놀이가 가능해진다.

한참 수영을 하고난 후에는 시원한 음료와 간식을 주문해 먹기도 하고, 따뜻한 커피 한 잔을 마시며 선 베드에서 여유로운 시간을 즐겼다. 그러다 오후 4시, 해피아워가 시작되면 즉석에서 만들어주는 따끈한 타피오카와 샐러드 바에 차려진 감자튀김, 샌드위치, 열대 과일을 마음껏 먹을 수 있었다. 저녁이면 아름다운 조명을 밝힌 수영장 옆에서 라이브 음악을 들으며 매일 달라지는 뷔페 음식으로 로맨틱한 저녁식사를 했다. 아이들은 키즈카페에서 브라질 놀이도우미들과 신나게 놀았다. 휴양지 리조트에서 보내는 호사로운 휴가가 아닐 수 없다.

브라질에서는 날 것 그대로의 바다에서 모래놀이와 물놀이를 하는 것이 전부일 것만 같았는데 나따우와 같은 휴양지에서는 올 인클루시브 리조트에서 만끽하는 휴가를 즐길 수 있었다. 특히 전망이 제일 아름답기로 소문난 폰타네그라Ponta Negra 해변 주위에 이런 리조트가 많았다. 하루 종일 호텔에서 제공하는 식사와 서비스를 즐기며 쉴 수 있으니 반복되는 일상과 누적된 피로를 벗어나 누리는 특별한 휴식이었다.

다시 가슴 뛰고 싶다면 브라질

따뜻하게 달군 팬에 타피오카 가루를 붓는다. 동그랗게 펼쳐놓고 잠시 기다리면 가루가 서로 엉겨 붙는다. 여기에 햄이나 치즈, 또는 초콜릿 시럽이나 과일을 넣고 반으로 접어 완성한다. 만들기도 쉽고 맛도 좋은 타피오카 완성!

아마존이 만들어내는 뿌리식물, 만지오카^{Mandioca}는 인디오의 주식이다. 녹말 성분 때문에 익혀 먹으면 감자와 비슷한 맛이 난다. 가루로 만들어 다양한 요리에 사용하며, 하얀 타피오카^{Tapioca}는 브라질 사람들이 즐겨 먹는 아침 메뉴이자 간식이다.

타피오카는 물 한 방울 없이 가루를 따뜻한 팬에 올려놓기만 해도 저절로 엉겨 붙어 크레페처럼 만들어 먹을 수 있다. 입자가 굵은 가루라 밀가루 반죽과는 사뭇 다른데 녹말의 쫄깃한 식감이 독특하면서 먹을수록 더욱 맛있다. 넣는 재료에 따라 다양한 맛으로 완성되는 것도 타피오카만의 매력이다. 햄과 치즈를 넣어 따뜻하게 만든 타피오카는 든든한 아침식사가 되기도 하고, 실컷 수영을 하고 난 후에 허기를 달래는 오후 간식이 되기도 한다. 과일이나 초콜릿 시럽, 꿀과 같은 달콤한 속 재료를 채워 만들면 맛있는 디저트가 된다. 간단한 조리법으로 여러 요리에 두루 사용할 수 있는 타피오카는 브라질 주방의 멀티 플레이어다.

버기
투어

　호텔에서 바다를 보며 안락한 휴가를 즐기는 것도 좋지만 어떻게 그냥 보고만 있을까. 여행 셋째 날, 버기 투어 ^Passeio de Buggy^를 하기로 했다. 버기 투어는 지붕이 없는 사륜구동 자동차를 타고 나따우의 해변을 달리며 둘러보는 체험이다. 폰타네그라에서 출발해 무리우 해변 ^Praia de Muriú^까지 북쪽으로 가는 코스와 반대로 돌고래와 수영한다는 피파 해변 ^Praia de Pipa^까지 남쪽으로 가는 코스 중에 선택할 수 있다. 우리는 강과 오아시스를 지나는 북쪽 코스를 따라가기로 했다.

　풍채 좋은 브라질 아저씨가 깜찍한 노란 버기를 가지고 왔다. 지붕도 없고 뒷자리는 높은 버기에 아이들과 앉아야 한다고 생각하니 염려가 되어 뒷자리를 조금 낮춰 앉았다. 아이들도 살짝 겁이 나는지 앞에 있는 손잡이를 꽉 쥐었다. 버기는 야자나무가 줄지어 심어진 백사장 위를 거침없이 달렸다. 푸른 바다는 하얀 거품을 내며 파도쳤고, 아무도 없는 해변에는 가끔 우리처럼 버기를 타고 달리는 사람들만 보였다. 끝이 보이지 않는 넓은 백사장을 마음껏 달리는 경험은 태어나 처음이었다. 가슴이 탁 트이는 시원함과 흔들리는 버기의 스릴을 모두 느낄 수 있었다.

　해안을 따라 달리던 버기는 잠시 후, 모래 언덕에서 우리를 내려주었다. 브라질 해변의 백사장에서 익숙하게 밟아보았던 고운 모래가 거대한 산처럼 쌓여 있었다. 바로 제니빠부 사구$^{Dunas de Genipabu}$였다. 흔히 나따우에는 사막과 오아시스가 있다고 하지만 정확히 말하면 사막이 아닌 사구다. 사구는 바람을 타고 날아온 모래가 쌓여서 만들어진 언덕이어서 지금도 강한 바람에 의해 조금씩 형태가 달라진다고 한다. 제니빠부 사구에는 우리 말고도 버기를 타고 온 여행자들이 여럿 있었다. 저마다 하얀 모래언덕 위에서 푸른 바다를 뒤로 하고 인생 사진을 찍는데 여념이 없었다. 고운 모래가 마냥 좋은 우리 아이들은 쪼그리고 앉아 놀았고, 우리는 경치에 반해 그저 보고만 있었다. 버기를 운전해주었던 아저씨는 사진을 찍어야 한다며 얼른 서보라고 했다. 덕분에 모처럼 네 가족이 함께 하는 사진을 남길 수 있었다. 푸른 대서양 바다를 배경으로 멋진 모래언덕 위에서.

버기는 다시 달렸다. 이번에는 우리 앞에 작은 강이 나타났다. 물길을 건널 수 없는 버기는 뗏목 위로 올라갔다. 그저 나무판처럼 보이는데 버기와 사람들을 모두 태운 채 강을 건널 수 있어서, 그리고 홀로 선 사공이 오직 기다란 막대 하나로 이 모두를 태운 뗏목을 움직일 수 있어서 적잖이 놀랐다. 강과 바다가 만나는 이곳, 강의 끄트머리 'Barra do Rio'에서 맛보는 신기한 경험이었다. 하지만 놀라움은 여기가 끝이 아니었다. 강을 건너가자 넓은 모래사장 위를 지나는 물줄기가 군데군데 나타났다. 방금 여행자들을 태우고 강을 건넌 버기들이 저마다 속력을 내어 달리기 시작했다. 물줄기 건너편에는 자전거를 타고 모래 위를 달리는 한 무리의 사람들도 있었다. 아! 얼마나 멋진 순간이던지. 자유를 만끽하며 환호하는 여행자들 사이에 나도 있었다. 그런 우리의 기분에 장단을 맞추어 주기라도 하듯 아저씨는 모래 언덕으로 빠르게 버기를 몰았다. 꺄악! 좌우로 몸이 흔들릴 때마다 스릴이 넘쳐 가만히 있을 수 없었다. 소리를 질렀다, 깔깔 웃었다, 아주 난리가 났다. 그럴 때마다 아저씨는 경사진 비탈을 따라 더 빠르고 거칠게 운전했다. 덕분에 모두 신나는 버기의 매력에 흠뻑 빠졌다.

한참을 달리던 버기가 삐땅기 호수$^{Lagoa de Pitangui}$ 앞에서 멈췄다. 여기에서 조금 쉬었다 가기로 했다. 안으로 들어가자 호수를 가운데에 두고 하얗게 쌓인 모

래언덕이 주위를 빙 두르고 있었다. 이곳 역시 주위에 온통 모래뿐이었다. 곱디 고운 모래였지만 그래도 물이 있어서인지 풀과 나무가 자라고 있었다. 삭막한 모래만이 아니라 초록의 풀과 물이 있어 싱그럽고 아름다웠다. 이곳에서는 바 짓가랑이를 최대한 걷어 부치고 자박자박 물에서 걸으며 시간을 보냈다. 호수 에 발을 담근 채 테이블에 앉아 새우가 듬뿍 들어간 빠스떼우와 얼음처럼 차가 운 맥주를 주문해 함께 먹으니 이보다 더 좋을 수 없었다.

달콤한 휴식 뒤에 다시 버기에 올랐다. 버기는 해안으로 내달렸다. 높은 모 래언덕과 완만하게 펼쳐진 바다가 만나 환상적인 풍경이 펼쳐졌다. 낮은 해안 에 자박하게 물이 잠기니 브라질의 파란 하늘과 시원하게 뻗은 야자나무가 투 명한 물 위로 비쳐보였다. 어디가 바다이고, 어디가 하늘인건지. 바다와 하늘의 경계가 사라진 듯한 경치에 나도 모르게 빠져들었다. 그렇게 신나게 달리는데 해변 위에서 무언가를 줄 세워 놓고 있는 브라질 아주머니들을 발견했다. 불쑥 궁금한 마음이 들어 물어보았다.

"저기 아주머니들이 지금 뭐하는 건가요?"
"가보면 되죠!"

아저씨는 설명 대신 시원하게 답하더니 속도 내어 달리던 버기를 망설임 없 이 돌렸다. 노란 버기는 찰박한 바닷물 위를 미끄러지듯 유연한 몸짓으로 돌아 섰다. 그리고 그곳에서 우리가 만난 것은 큼지막한 브라질 바다의 조개들이었 다. 크고 작은 조개마다 짙은 얼룩무늬가 새겨진 것이 마치 저 바다의 호랑이였 을 것만 같았다. 숲속으로 뛰어 들어간 사냥꾼 마냥 나도 제일 마음에 드는 것 을 골라보았다. 가장 짙은 무늬를 가진 크고 튼튼한 녀석으로. 작은 호기심에 스치듯 물었을 뿐인데 한 치의 머뭇거림 없이 곧장 행동으로 옮긴 아저씨 덕분 에 의외의 선물을 만날 수 있었다.

문득 어쩌면 이것이 여행의 진짜 즐거움이 아닐까 하는 생각이 들었다. 가던

길을 멈추고 언제든 되돌릴 수 있는 자유, 그리고 예상치 못한 곳에서 놀랄만한 선물을 만나는 행복. 여행이라면 이 모두가 언제나 허락되어 있다. 생각해보면 우리네 인생과도 꽤 많이 닮았다. 하지만 그걸 알면서도 가던 길을 망설임 없이 멈추어 서는 것이 쉽지 않은 걸 보면 여행과 인생은 닮은 듯 또 많이 다르다. 그렇기에 난 여행을 멈추지 못했는지도 모른다. 우리의 인생과 닮은 듯 달라서, 다르기에 조금은 닮아보고 싶어서 난 그렇게 여행을 계속했던 것인지도 모른다.

다시 가슴 뛰고 싶다면 브라질

용감한
아이

버기는 다시 달렸다. 멋진 바다를 끼고 달리더니 높은 모래언덕으로 올라가 한참을 달렸다. 보기만 해도 눈이 부시는 하얀 모래가 온 세상을 가득 덮고 있는 듯 했다. 잠시 후 버기가 멈추어 섰다. 차에서 내리자 바닥이 뜨끈뜨끈, 모래찜질이 따로 없었다. 자그마한 그늘 아래에서는 몇몇의 사람들이 웅성거리며 서 있었다. 뭘 하고 있는 거지? 높은 모래언덕 아래 펼쳐진 초록빛 호수, 여기는 짜릿한 재미가 있는 자쿠마 호수^{Lagoa de Jacumã}다.

자쿠마 호수를 둘러싼 모래언덕 위에서는 스릴 만점의 체험을 할 수 있었다. 한쪽에는 파란 색 PVC 천이 꼭대기부터 호수까지 깔려 있었다. 영락없는 김장 비닐 같은 모습이었는데 옆에 선 아저씨는 그 위에 물 한바가지를 끼얹더니 신호를 외쳤다. 그 소리에 맞춰 배를 깔고 누운 브라질 청년이 미끄럼을 타고 내려가는 것 아닌가. 높다란 꼭대기에서 순식간에 내려가 호수에 퐁당 빠졌다. 지켜보던 사람들 모두 박장대소를 하며 환호했다. 이야, 오르막길에 하얀 눈이 쌓였다 얼어 빙판길이 되면 쌀 포대 자루를 바닥에 깔고 썰매를 탔던 우리 부모님 세대의 이야기가 이곳에서 현실이 되었다. 다른 점이라면 눈이 아니라 모래라는 차이 정도. 해보면 재미있을 것 같았지만 겁이 많아 감히 도전할 생각도 하지 못했다.

다시 가슴 뛰고 싶다면 브라질

그 옆에는 집라인이 있었다. 말이 집라인이지, 의지할 것이라고는 밧줄 끝에 달린 도르래 하나뿐이었다. 밧줄에 걸린 의자에 앉으면 아저씨는 신호에 맞춰 반대쪽 밧줄을 놓았고, 그러면 모래언덕 꼭대기에서 호수를 향해 미끄러져 내려갔다. 호수에 닿을 정도까지 내려가면 짓궂은 아저씨는 의자를 뒤집어 물에 빠뜨렸다. 다행히 옆에서 대기하고 있는 보트에서 금방 건져 올리기는 했지만 수영을 하지 못하는 나는 괜히 겁이 났다. 수영복을 입지 않아 옷이 젖는 것도 걱정이었다. 그러면서도 여기까지 와서 아무 것도 하지 않고 돌아가려니 아쉬워 발걸음이 떨어지지 않았다. 마침 그때, 딸아이 또래의 브라질 여자아이가 집라인을 타겠다고 했다. 앗, 저렇게 어린아이가? 아이는 순식간에 호수로 내려갔고, 아저씨는 아이를 물에 빠뜨리지 않았다. 그 모습을 보던 딸아이도 결심을 했다.

"엄마, 나 해볼래."
"정말? 괜찮겠어? 할 수 있겠어?"

나도 모르게 연신 질문을 했다. 그냥 돌아가려니 아쉬워 물어보기는 했지만 아이가 정말 하겠다고 할 줄은 몰랐다. 아직도 내 눈에는 어린 딸아이가 나도 겁이 나는 걸 한다고 할 줄이야. 직원은 아이에게 구명조끼를 입혀주었고, 아이는 집라인 의자에 다리를 끼우고 앉았다. 카메라를 든 엄마를 향해 환하게 웃어주자 아저씨는 밧줄을 놓아버렸다. 휘이익. 순식간에 호수의 한가운데로 떨어졌다. 지켜보는 내 가슴이 쿵쾅거렸다. 세상에, 우리 딸 다 컸네. 보트에서 대기하고 있던 직원은 아이를 안아 내려주었고, 잠시 후 보트는 물가에 사람들을 내려주었다.

"엄마, 재미있어. 나 또 타고 싶어."

모래언덕 위로 올라온 아이가 이야기했다. 뜻밖의 말에 난 다시 놀라고 말았다. 내 눈에는 아직도 브라질에 처음 왔던 다섯 살 꼬마 같은데 이만큼 자랐다

니. 훌쩍 커버린 딸아이가 그저 대견하고 신기했다.

　생각해보면 아이는 한국보다 브라질에서 더 많은 성장을 했다. 인생의 첫 졸업식을 브라질 유치원에서 했고, 첫 학교 입학 역시 브라질 초등학교에서 했다. 포르투갈어는 커녕 영어도 제대로 하지 못한 채로 발을 디딘 이곳에서 현지 아이들과 놀며 자연스럽게 언어를 배우고, 지금은 엄마의 포르투갈어 통역사가 될 정도로 능숙하게 알아듣고 읽고 쓸 수 있게 되었다. 물이 무서워 모래만 만지다 돌아오는 바다였는데 이제는 브라질의 바다에 몸을 던져 노는 아이가 되었다. 내가 한 것은 아무것도 없었다. 브라질의 파란 하늘과 풍요로운 땅의 열매가 아이를 키웠다. 이 땅이 가진 여유와 웃음이 아이를 이만큼 자라게 했다. 자쿠마 호수의 하얀 모래언덕 위에서 적어도 한 뼘은 자랐을 아이의 성장을 돌이켜보며, 오늘도 감사한 마음이 들었다. 브라질이 아이를, 우리를 자라게 한다.

브라질 친구의 홈파티에 초대를 받았다. 친구들은 내게 술 한 잔을 권했다. 까이삐리냐Caipirinha였다. 직원은 칵테일 쉐이커에 까샤싸를 넣고, 큼지막한 스푼으로 설탕을 넣더니, 라임과 얼음을 넣어 흔들었다. 시원한 초록빛의 까이삐리냐가 완성되었다. 한 모금 머금자 상큼한 라임향과 달콤한 설탕의 맛이 입 안 가득 번졌다. 쌉싸름한 알코올이 목을 타고 넘어가는 걸 보면 술인 것이 분명했지만 술이라고 하기에는 정말 달콤했다.

브라질 사람들이 즐겨 마시는 칵테일, 까이삐리냐는 사탕수수 원액을 발효시켜 만든 증류주 '까샤싸Cachaça'에 과일과 설탕을 넣어 만든다. 향긋한 과일과 달콤한 설탕, 그리고 시원한 얼음의 조화가 환상적이라 언제, 어디에서 마셔도 맛있다. 그래서 브라질 사람들이 모인 곳이라면 차가운 맥주와 함께 늘 빠지지 않는다. 하지만 브라질에서 까이삐리냐가 가장 잘 어울리는 곳을 꼽으라면 그것은 아마도 브라질의 해변일 것이다. 파란 하늘과 내리쬐는 햇빛, 그 아래 넘실대는 파도와 하얀 모래사장이 함께 하는 곳. 보고만 있어도 그저 좋은 브라질의 해변에서 함께 여행을 떠난 이들과 마시는 까이삐리냐는 세상 그 어떤 술보다도 우리를 달콤하게 취하게 한다.

그러고 보면 까이삐리냐는 여행과 닮았다. 인생마다 참기 힘들만큼 쓰고 독한 맛이 있지만 여행에서라면 그 모두를 잊고 달콤한 여유를 즐길 수 있으니. 독한 술 한 잔이 금세 달콤하게 변하는 까이삐리냐와 닮았다 해도 될 것이다. 그래서일까. 유독 브라질 해변에서는 까이삐리냐를 마시게 된다. 몰아치고 되돌아갔다 다시 밀려오는 파도처럼, 반복되는 우리의 일상이 상큼하고 달콤하게 변하기를 기대하면서. 싸구려 컵에 담긴 까이삐리냐 한 모금을 잊지 않고 홀짝인다. 브라질 바다에서라면, 언제나.

· 9 ·

Brasília

브라질리아

새로운 수도

Brasília
★

우리의
마지막 도시

"이제 정말 한국으로 가네. 아쉽다. 아직 더 가보고 싶은 곳이 많은데."

"그러게. 우리 이사하고 나서 주말에 마지막으로 한군데만 더 가볼래? 브라질리아는 어때?"

"브라질리아? 난 좋아. 그럼 브라질의 수도는 다 가보는 거네. 살바도르랑 히우는 이미 다녀왔으니까."

브라질과 사랑에 빠졌기 때문일까. 이삿짐을 한국으로 보냈지만 발걸음이 떨어지지 않았다. 결국 곧장 출국하는 대신 보름 후에 남편과 함께 가기로 하고, 마지막 여행을 떠나기로 했다. 목적지는 브라질의 수도, 브라질리아다. 철저한 계획도시라는 브라질의 수도는 어떤 모습일까?

브라질리아는 1960년부터 현재까지 브라질의 수도로 중앙 내륙, 고이아스 Goiás 주 부근에 있는 연방특별구이다. 브라질은 전통적으로 대서양과 접한 동쪽 해안을 중심으로 도시가 발달했다. 과거 브라질의 수도였던 살바도르와 히우 지자네이루 뿐 아니라 경제적으로 발전한 상파울루, 벨루오리존치, 플로리아노 폴리스와 같은 도시들 역시 그렇다. 그로 인해 인구의 상당수가 이들 지역에 집 중되었고, 상대적으로 내륙 지역은 발전에서 소외되었다.

　이 문제를 해결하기 위해 1950년대 후반 브라질 대통령이었던 주셀리노 쿠비체크Juscelino Kubitschek는 수도 이전을 결정하게 되었다. 국토의 균형 있는 발전을 위해 새로운 계획도시를 건설하게 된 것이다. 루시오 코스타Lúcio Costa가 도시 설계를 맡아 제트기 모양으로 도시를 계획하고 몸체 부분에 정부 기관을, 날개 부분에 주택지구와 상업지구를 배치했다. 여기에 오스카 니마이어가 정부 청사와 각종 기관을 건축해 도시는 완성되었다. 브라질리아는 1987년, 유네스코 세계유산으로 지정되었다.

　이렇게 독특한 브라질리아의 모습을 조망하기 제일 좋은 곳이 TV타워다. TV타워는 1967년에 완성된 224m 높이의 TV 및 라디오 방송 타워지만 도시의 중심에 위치해 있어 전망대에서 도시를 한눈에 볼 수 있다. 마침 호텔에서 길만 건너면 갈 수 있었는데 하필이면 우리가 방문했을 때 수리 중이어서 전망대에 오를 수 없었다. 우리보다 먼저 다녀간 친구가 보내준 사진으로 아쉬움을 달래고, 대신 TV타워 분수에 가보았다. 뒤로는 브라질리아 국립 경기장이 가까이 보였고, 날씨가 좋아서인지 저 멀리 국회의사당까지 보였다. 덕분에 전망대에 가지 못한 아쉬움을 조금 달랠 수 있었다. 가볍게 산책하고 분수대에 잠시 걸터앉아 차가운 아이스크림을 먹으며 이 도시가 보여줄 곳들을 기대해보았다. 브라질리아가 궁금하다.

브라질 정치의
중심

브라질리아 공항에 도착하자마자 차를 빌려 국회의사당으로 향했다. 창밖에는 정부 부처의 이름이 적힌 건물들이 도로를 따라 줄지어 서 있었다. 제트기 모양으로 설계된 도시의 몸체 부분에 이렇게 주요 정부 청사가 모여 있었다. 물론 드넓은 벌판에 지어놓은 건물들이 일정한 간격으로 떨어져 있어 걸어서 둘러보기는 어려웠지만. 쭉 뻗은 도로와 줄지어 서 있는 정부 청사들만 보아도 브라질리아가 계획도시이자 행정도시라는 것을 단번에 알 수 있었다. 길의 끝에서 드디어 국회의사당을 만났다.

"저기 건물 위에 하얀 거 보여? 꼭 밥그릇 같지?"

높이 솟은 두 개의 기둥을 가운데 두고 하나는 접시, 다른 하나는 접시를 뒤집어 놓은 것 같은 브라질 국회의사당 Palácio do Congresso Nacional 이 나타났다. 위로 볼록한 돔이 있는 쪽이 상원 Senado Federal, 아래로 볼록해 접시처럼 생긴 쪽이 하원 Câmara dos Deputados 이다. 브라질리아의 상징 같은 건물이어서 이미 사진으로 본 적이 있었는데도 실제로 마주하니 놀랍기만 했다.

국회의사당에서는 매일 관람객을 대상으로 내부 안내를 하는 투어를 진행한다. 30분 단위로 포르투갈어 안내가 있고, 하루 두 번 영어 안내도 있다고 했다.

우리는 포르투갈어 안내를 듣기로 했다. 인솔자는 우리를 안내하며 걸을 때마다 나타나는 그림과 조각, 모자이크 타일로 만든 벽 등 작품에 대한 설명과 브라질 정치에 대한 설명을 해주었다. 여러 나라의 정상들이 보낸 선물이나 브라질 뉴스에서 종종 보았던 기자회견 데스크도 있었다.

투어의 하이라이트는 상원과 하원 회의장에 들어가 보는 것이었다. 상원 회의장에는 짙은 청색의 카펫이 사방에 깔려 있었고, 돔 형태의 천장에 달린 조명들이 별빛처럼 반짝였다. 단상 위의 의장석과 브라질 국기에서 위엄이 느껴지기도 했다. 회의장은 텅 비어 있었지만 브라질 뉴스에서 종종 보았던 장면이 눈앞에서 재현되는 것 같았다. 반면 하원 회의장은 하얀 바닥에 원목 테이블들이 놓여 있어 조금 더 친근했고, 관람객들이 좌석에 직접 앉아볼 수도 있었다.

테이블 아래에는 찬반투표에 사용되는 네 개의 버튼이 있었다. 각 사람의 의견이 이렇게 행사되고, 그 모두가 모여 나라의 중요한 정책이 결정되는 것이겠지. 아직 꼬마인 우리 아이들에게는 조금 어렵겠지만 그래도 엄마의 설명을 귀기울여 듣는 것을 보니 함께 와보길 잘했다는 생각이 들었다. 이 작은 경험이 쌓이고 쌓여 정치에 대한 관심과 참여로 이어질 테니 말이다.

다시 가슴 뛰고 싶다면 브라질

우리가 브라질에서 지낸 몇 년 동안 브라질 정계는 큰 변화를 겪었다. 브라질 최초의 좌파 노동가 출신으로 과감한 복지 정책을 펼쳐 사회 빈곤층에게 절대적인 지지를 받았던 룰라 전 대통령이 비리 혐의로 구속되었다. 룰라의 대를 이어 당선된 첫 여성 대통령, 지우마 역시 부정부패에 연루되어 탄핵되는 사태가 벌어졌다. 공교롭게도 한국 역시 비슷한 시기에 여성 대통령의 탄핵이라는 비슷한 상황을 겪게 되자 많은 브라질 친구들은 정치적 이슈에 대해 내게 묻곤 했다.

떼메르 부통령의 권한대행 임기가 끝나고 치러진 2018 대통령 선거를 앞두고는 더 많은 이야기를 나누었다. 심지어 상파울루 리베르다지의 거리에서 익숙한 얼굴 사진이 찍힌 티셔츠를 입고 있는 백발의 브라질 할아버지를 본 적도 있었다. 티셔츠에는 'Eleições 2018, Kim Jong-Un Para Presidente(2018 선거, 김정은을 대통령으로)'라는 문구가 적혀있었다. 얼마나 만족스러운 대통령 후보가 없었으면 그랬을까. 길에서 우연히 만난 브라질 할아버지 때문에 무척 당황스럽던 경험이었다. 그 후 브라질에서는 자이르 보우소나루 대통령이 새롭게 선출되었다. 아마도 이런 일들이 없었더라면 난 브라질의 정치에 무관심한 외국인으로 살았을지도 모른다. 어쩌면 우리가 브라질리아에 오게 된 것도 일련의 사태를 지켜보며 자연스럽게 생긴 작은 관심 때문 아니었을까.

　　국회의사당을 나와 뒤로 내려가자 광장이 나타났다. 광장의 왼쪽에는 대통령 청사, 오른쪽에는 대법원이 있었다. 입법부, 행정부, 사법부가 얼굴을 마주한 이곳은 삼권광장$^{Praça\,dos\,Três\,Poderes}$이다. 제트기 모양으로 설계된 이 도시의 머리 부분에 브라질을 이끌어가는 권력기관들이 모여 있다. 제트기의 동체 부분에는 정부 부처들이, 날개에는 주거 지구와 상업 지구가 자리한다. 마치 종이 위에 그림을 그리듯 도시를 지은 것만 같다.

　　삼권광장은 이 도시를 설계한 루시오 코스타와 오스카 니마이어에 의해 완성되었다고 한다. 삼권광장의 오른쪽에는 대법원$^{Supremo\,Tribunal\,Federal}$이 자리했다. 판판한 지붕을 얹고 곡선 형태의 기둥으로 사방을 둘러 세운 건물의 모습이 특이했다. 그 앞에는 부드러운 형태의 여인 조각상이 있었다. 두 눈은 헝겊으로 가렸고, 무릎에 얹은 양손은 칼을 쥐고 있었다. 어울리지 않는 것들이지만 'A Justiça(정의)'라는 제목을 보니 조금 알 것도 같았다. 어떠한 편견이나 선입견에 휘둘리지 않도록 눈을 가리고, 칼처럼 날카롭고 예리하게 판결을 내리는 것이 곧 법이 실현해야 할 정의로움이라는 것 아닐까.

　　삼권광장의 가운데에는 브라질리아라는 새로운 수도를 건설한 주셀리노 쿠비체크의 동상과 시립박물관, 유네스코 세계유산기념비가 있었다. 네모난 기둥

다시 가슴 뛰고 싶다면 브라질

에는 브라질리아를 탄생시킨 그의 이야기와 이 도시가 만들어지기까지의 이력이 새겨져 있었다. 세월의 흔적이 때문일까. 가까이에서 바라보니 어딘가 쓸쓸한 느낌이 들었다.

이번에는 왼쪽 건물 가까이 걸어가 보았다. 판판한 지붕, 곡선 형태의 기둥은 대법원과 비슷했지만 건물의 전체 형태는 조금 달랐다. 이곳은 대통령 집무실이 있는 대통령 청사Palácio do Planalto로 대통령과 가족이 거주하는 대통령 관저Palácio da Alvorada와는 구별되는 곳이다.

그리고 그 앞에는 나의 시선을 잡아끄는 동상이 하나 있었다. 나란히 어깨동무를 하고 있는 두 사람의 모습으로 만들어진 작품의 이름은 'Os Candangos'였다. 깐당고Candango는 1950~1960년대, 브라질리아 수도 건설을 위해 일했던 노동자를 뜻한다. 계속되는 가뭄과 더위 속에 일하던 중 두 명의 노동자가 희생되었고, 그들을 기리기 위해 이 광장에 청동으로 만든 8m의 거대한 작품이 세워졌다고 한다. 생각해보면 지금의 브라질리아를 만든 것은 대통령과 도시설계사, 건축가만이 아니다. 열악한 환경 속에 땀 흘린 수많은 노동자들이 있었기 때문에 이 도시가 탄생할 수 있었다. 도시의 머리가 되는 삼권광장에서 이 도시가 있기까지 애쓴 민초들을 기억하고 기념한다는 것이 짐짓 감동으로 다가왔다.

삼권광장의 한 가운데에 서서 주위를 둘러보았다. 지난 시간, 앞날을 예측하기 어려울 정도로 첨예한 대립 속에 전개되어 왔던 브라질의 정치 역사가 이곳을 지났을 것이다. 민초들의 희생과 노력 위에 도시가 세워지고, 새로운 수도로서 브라질의 새로운 역사를 써내려갔을 것이다. 하지만 여전히 브라질의 정치는 갈등과 대립 속에 있다. 안타깝게도 많은 나라가 그러하듯이. 부디 이 광장을 가로지르는 힘의 견제가 건강하게 이어져 부정부패를 벗고 진정한 새 역사를 만들어 갈 수 있기를 기대한다.

노동자당(PT)의 룰라Luiz Inacio Lula da Silva는 브라질 역사상 최초의 좌파 노동가 출신 대통령이다. 그는 구두닦이 등 허드렛일을 하며 어려운 유년 시절을 보냈고 초등학교조차 제대로 졸업하지 못했다. 작업장에서 새끼손가락이 절단되는 사고를 당하고 실직자로 전락하며 그의 정치 행보가 시작되었다. 1969년에는 노동조합에 가입한 후 노조위원장이 되었고, 1980년에는 노동자당을 창설하기에 이른다. 그리고 2002년 10월 대선에서 승리하며 브라질의 대통령이 되었다.

대통령에 당선된 룰라는 특히 빈곤 계층을 위한 파격적인 복지정책으로 국민들의 큰 지지를 받았다. 당시 국제 원자재 가격이 상승하며 브라질 경제는 호황을 맞았고, 이러한 부가 사회 빈민층에게 확대될 수 있는 정책을 펼친 것이다. 빈곤층에게 식료품을 무상 제공하는 기아 제로Fome Zero와 자녀를 학교에 보내는 조건으로 매달 70헤알을 제공받는 저소득층 생계비 지원Bolsa Familia 제도가 그 예이다. 덕분에 그는 2010년 퇴임 당시에도 지지율이 무려 87%에 달할 정도였다.

그러나 룰라의 지원 아래 당선된 지우마Dilma 정권이 출범하자마자, 국제 시장은 변화하기 시작했다. 원자재 가격이 폭락하며 브라질 경제는 무너지기 시작하였고, 룰라 정권에서 시행했던 복지 정책들로 인해 국가 채무는 증가하게 되었다. 이 와중에 룰라 전 대통령은 한 건설업체로부터 뇌물을 받은 혐의가 인정되어 구속 수감되었다. 전 세계에 브라질 경제를 끌어올리고 서민을 대변하는 대통령으로 인기를 끌었던 국민 영웅의 쓸쓸한 퇴장이 아닐 수 없다.

성당에서 마주하는
빛의 서사시

드넓은 땅 위에 장난을 친 것 아니냐 물을 정도로 독특한 건물이 많은 브라질리아에서 국회의사당과 함께 가장 눈에 띄는 것이 있다면 브라질리아 대성당일 것이다.

1958~1970년 건축가 오스카 니마이어와 구조엔지니어 조아킹 카르도조 Joaquim Cardozo에 의해 설계된 브라질리아 대성당Catedral Metropolitana Nossa Senhora Aparecida 은 16개의 구부러진 기둥이 십자가를 받치고 있는 왕관 형태로 만들어졌다. 우리가 예상하는 고전적인 형태의 성당과는 완벽하게 다른 모습이다.

브라질리아 대성당 오른편에는 4개의 종이 달린 하얀 탑이 세워져 있고, 정면에는 거대한 4개의 조각상이 서 있었다. 이들은 성경의 복음서를 기술한 네 명의 사도, 마태, 마가, 누가, 요한이다. 사도들이 수호하는 뜰을 지나자 성당으로 들어가는 지하 통로가 나타났다. 성당으로 들어가기 위해서는 지하로 뚫린 어두컴컴한 길을 지나야만 했다. 어두운 통로를 따라 걸어 들어가자 곧 햇살보다 밝은 빛으로 가득한 실내가 모습을 드러냈다.

성당 내부는 온통 하얀 빛으로 가득했다. 하얗게 칠해진 16개의 기둥 사이마다 청명한 빛깔을 뿜내는 스테인드글라스가 빼곡하게 채워져 있었고, 투명한

하늘빛이 창을 지나 안으로 비쳐 들어오고 있었다. 스테인드글라스가 담고 있
는 푸른 물결들이 이 공간을 더 싱그럽게 만들어 주었다. 그 가운데에는 공중에
매달린 세 명의 천사가 있었다. 마치 어느 순간, 시간이 박제라도 되어버린 듯
하늘을 나는 섬세한 몸짓 그대로였다. 어쩌면 천상의 세계가 이와 같지 않을까.
지하로 향하는 암흑의 통로를 지나 만날 수 있는 빛의 세계. 아득하면서도 온통
밝게 빛나는 새하얀 세상. 그저 걸어 들어왔을 뿐인데 나도 모르게 고요하고 경
건한 이곳의 공기에 흠뻑 빠져들었다.

브라질리아 대성당은 건축가와 구조엔지니어가 머리를 맞대고 만든 덕분에
어디에서도 보지 못한 독특한 형태의 건물로 완성되었고, 원형의 성당 내부에
는 신기한 구조적 비밀까지 생기게 되었다. 그것은 성당 벽에 대고 말을 하면 멀
리 떨어진 벽의 끝에서 그 소리를 들을 수 있다는 것이다. 우리보다 먼저 이곳을
다녀간 친구들은 저마다 실험에 성공했다며 신이 난 표정을 감추지 못했다.

하지만 막상 이곳에 직접 찾아와 보면 그러한 외적 요소보다 어둠을 지나 빛
의 세계를 만나는 순간 느끼는 감정들이 더 특별하게 와 닿는 곳이다. 어쩌면
이 성당에는 우리에게 잠시나마 천상의 세계를 선물하고 싶었던 건축가의 숨
겨진 의도가 있었을지도 모른다.

다시 가슴 뛰고 싶다면 브라질

마찬가지로 환상적인 빛의 세계를 경험할 수 있는 곳이 한군데 더 있다.

"우와, 바다 속으로 들어온 것 같아."

아아, 온통 푸른빛에 잠긴다. 걸음을 내딛을 때마다 깊고 푸른 바다 속으로 들어가는 것 같다. 보는 이마다 탄성을 자아내는 브라질리아의 돔 보스코 성당 Santuário Dom Bosco이다. 아이도, 나도 첫눈에 반해버렸다. 분명 외관은 멋이라고는 찾아볼 수 없는 회색의 사각 건물이었다. 하지만 벽면을 가득 채운 청색의 스테인드글라스를 빛이 통과하는 순간, 성당 내부는 푸른빛으로 가득 채워졌다. 도대체 어떻게 이런 마법 같은 일이 벌어졌을까.

돔 보스코 성당은 건축가 카를로스 알베르토 나비스 Carlos Alberto Naves의 작품으로 1963~1970년에 완성되었다. 성당의 이름이기도 한 돔 보스코는 살레시오 수도회를 설립한 이탈리아의 수도사, 성 요한 보스코 St. John Bosco의 별칭인 돈 보스코 Don Bosco에서 따왔다. 1883년 무렵, 브라질 중부에서 새로운 문명이 나타날 것이라고 예언한 것을 계기로 그는 이 도시의 수호성인이 되었다.

살레시오 수도회의 돔 보스코 성당은 회색의 네모반듯한 사각 건물에 지나지 않았다. 하지만 평범한 겉모습과 다르게 안으로 들어서면 온통 파란 빛으로 물든 새로운 세계가 우리를 반긴다. 보통 성당의 스테인드글라스는 성경의 내용으로 만들어 놓지 않던가. 이곳에서는 대신 음영이 다른 12개의 파란 사각형의 조합을 창에 얹었다. 무려 7,500장의 무라노 유리가 사용되었다고 한다. 덕분에 빛이 비쳐올 때마다 파란 물결이 성당 안에 가득했다. 중앙 천장에 달린 2,500kg에 달하는 새하얀 샹들리에는 환상적인 성당 내부를 더욱 빛나게 해주었다.

차갑기 그지없는 파란색, 따스한 감촉은 찾을 수 없는 유리, 조금의 곡선도 허용하지 않는 반듯한 사각형. 돔 보스코 성당에는 가장 차갑다고 여겨지는 것

들이 한데 모였다. 하지만 그 어디에서도 본 적 없는 따뜻하고 환상적인 장면이
연출된다. 때로는 물결치는 푸른 바다 같기도 하고, 반짝반짝 부서지는 별빛 같
기도 했다. 고요한 바다에 잠긴 듯도 하고, 광활한 우주의 신비에 휩싸인 것도
같았다. 절로 경건한 마음이 들었다. 예상과 다르게 펼쳐지는 반전 매력이 돔
보스코 성당에 가득했다.

생각해보면 브라질리아 역시 그렇다. 짧은 시간 동안 인위적으로 만들어진
계획도시는 이제까지 브라질의 도시들이 생성되고 확장된 것과는 완벽하게 다
른 방식으로 건설되었다. 인공적이어서 낯설게 느껴진다. 하지만 도리어 독특
한 매력이 있는 도시가 만들어지는 좋은 기회가 되기도 했다. 브라질리아를 채
운 것은 삭막하다고 여겨지는 건물과 도로에 지나지 않았지만 창의적인 형태
와 공간 배치로 기대 이상의 아름다움을 선사한다. 브라질리아는 그런 반전 매
력이 있는 도시다.

오스카 니마이어를
만나는 시간

눈앞에 동그란 우주선이 나타났다. 마침 부슬부슬 비까지 내려 바닥은 축축하게 젖었고, 미처 가시지 못한 짙은 비구름이 하늘을 뒤덮어 을씨년스러웠다. 동그란 공을 반으로 딱 잘라 바닥에 엎어놓은 것 같은 반구 형태의 건물이 바로 브라질리아 국립 미술관이었다. 건물을 감고 있는 나선형의 길과 지면에서 미술관 입구로 향하는 오르막길의 모습이 더해져 영락없는 우주선 입구 같았다. 브라질리아 국회의사당과 대성당을 연이어 보고 나니 이제는 척하면 척, 오스카 니마이어가 지은 건물이겠다는 생각이 들었다. 역시 예상은 다르지 않았다.

브라질리아 국립 미술관Museu Nacional da República은 브라질리아의 다른 건축물과 다르게 비교적 최근인 2006년에 개관하였다. 이 도시가 완성되는 데 큰 힘을 보탠 오스카 니마이어의 99번째 생일을 기념하며 그의 전시회를 시작으로 개관하였다고 하니 그와는 태생적으로 뗄 수 없는 곳이다.

우리가 방문했을 때는 'ACT'라는 주제로 예술과 과학, 기술이 융합된 작품들을 전시하고 있었다. 착시 현상 같은 과학의 원리를 응용하거나 기술이 결합된 작품들이어서 미술 작품이라기보다 발명품 같은 느낌이 들었다. 아이들은 전시된 작품에 귀를 대보거나 눈을 가까이 가져다 대고 살펴보며 진지하게 감상했다. 우주선을 닮은 초현대적인 미술관이어서 그런 것일까. 그 안에 걸린 작

품들 역시 흥미롭고 신선한 주제를 담고 있었다.

하지만 역시 내 눈을 사로잡은 것은 존재만으로도 예술작품이라 해도 될 국립 박물관의 건물이었다. 돔 형태의 내부는 외관처럼 물이 흐르는 듯 굽이친 칸들이 공간을 나누어 전시실을 구성하고 있었고, 1층에서 2층으로 올라가는 오르막길조차 구부러진 형상으로 만들어졌다. 돔의 꼭대기에는 비행접시 같은 납작한 반구가 걸려 있어 우주선이라 느꼈던 첫인상이 잘못되지 않았음을 증명하는 듯했다. 벽에 걸린 작품만 예술이 아니라 이 공간 전체가 충분히 예술작품이었다. 이쯤 되니 이렇게 창의성이 돋보이는 건물을 지은 사람은 누구일까 하는 호기심이 더해졌다.

계획 도시 브라질리아에 독특한 건축물로 매력을 더해 준 오스카 니마이어는 브라질의 현대 건축가다. 그는 브라질리아 대성당, 국회의사당, 대통령 관저, 대통령 청사, 국립 극장, 국립 미술관 등 초현대적인 디자인의 건물들을 브라질리아 곳곳에 세웠다. 브라질리아 외에도 미국 뉴욕 맨해튼의 UN본부(1952), 상파울루의 이비라뿌에라 공원(1954)과 코판 빌딩(1961), 그리고 니테로이 미술관(1996)과 오스카 니마이어 박물관(2002)에 이르기까지. 그는 104세로 타계하기까지 건축을 멈추지 않았다. 레닌 평화상(1963)과 '건축계의 노벨상'이

다시 가슴 뛰고 싶다면 브라질

라 불리는 프리츠커 건축상(1988)을 수상했다.

그의 작품들은 고정된 관념을 탈피하는 구부러진 형상이 많다. 그래서 현실적이지 못하고 지나치게 이상적인 건축물이라는 비판을 받기도 한다. 하지만 그가 작품에 담으려 한 것은 도리어 가장 현실적이며 자연적인 요소들이었다. 브라질의 산과 강, 바다, 신체가 가진 유려한 아름다움. 우리에게 가장 익숙해서 더 아름다운 자연의 것들을 그는 건물에 담고자 했다.

건축이란 필연적으로 인간의 손에 의해 창조되는 인공적인 작업이다. 하지만 그는 이 세계에 실존하는 자연의 아름다움을 건물에 불어넣고자 하였다. 그리고 실로 창의적인 방법으로 그것을 실현해냈다. 오스카 니마이어로 인해 브라질의 현대 건축이 한 단계 성장한 것은 두말할 필요가 없다.

"나는 인간에 의해 창조된 딱딱하고 고정된 직선이나 직각에서는 매력을 느끼지 않습니다. 나는 자유롭게 흐르는 감각적인 곡선에 끌립니다. 내 나라의 산, 강의 물결, 바다의 파도, 그리고 사랑하는 여인의 몸에서 찾아낸 곡선들. 곡선은 우주 전체를 구성합니다."

– Oscar Niemeyer,

『The Curves of Time: Oscar Niemeyer Memoirs(2000, Phaidon Press)』 중에서.

브라질이니까,
한국인이니까

브라질리아에는 브라질 주요 정부 청사와 여러 나라의 외교 청사가 모여 있다. 우리나라 대사관도 1971년 히우지자네이루에서 브라질리아로 이전해 이곳에 대한민국 대사관이, 가장 많은 교민이 사는 상파울루에 대한민국 총영사관이 있다. 여권 갱신과 재외국민 선거를 위해 총영사관에 다녀온 적은 있었지만 대사관은 처음이었다.

주 브라질 대한민국 대사관에 도착했다. República da Coreia. 포르투갈어로 적힌 우리나라 이름과 태극기를 브라질에서 보게 될 줄이야. 그저 글자일 뿐인데 가슴이 몽글몽글해졌다. 대사관 건물은 기와지붕을 얹어 한국적인 미를 느낄 수 있었다. 한국과 브라질은 1959년 정식으로 수교를 맺었고, 2019년에는 한국-브라질 수교 60주년을 기념해 브라질 우정국에서 기념우표를 발행하기도 했다. 아직도 많은 사람들은 브라질을 낯설게 느끼지만 한국과 브라질은 생각보다 밀접한 관계를 맺고 있다.

외국에 나오면 다 애국자가 된다더니 나 역시 다르지 않았다. 낯선 브라질에서 한국 사람을 만나면 그렇게 반가울 수가 없었다. 서로 묻고 의지하며 말로만 듣던 동포가 이런 것인가 보다 하는 생각도 했다. 브라질리아로 떠나던 날, 우연히 이곳에 살고 계신 블로그 이웃과 연락이 닿게 되었다. 친절한 그녀는 우리

가족을 집으로 초대하였고, 갑작스러운 만남이었는데도 불구하고 정성들여 저녁 식사를 준비해 주었다. 가져간 선물이 약소하게 느껴질 정도로 과분한 환대였다. 그녀는 우리 가족이 브라질에서 사는 모습을 보며 의지가 되었다고 했다. 어디 그녀뿐일까. 나 역시 묵묵히 아이들을 돌보며 낯선 외국 생활을 씩씩하게 해나가는 그녀와 또 다른 이웃들을 보며 위로를 받았다. 브라질에서 살아온 시간이 길지 않았지만 오히려 그러하기에 더 외로웠던 외국생활에서 우리는 서로에게 귀한 동포가 되어주었던 것이다.

저마다의 사정은 달랐다. 하지만 브라질을 마주한 마음만은 비슷했다. 알지 못하는 데에서 오는 두려움, 언어도 통하지 않는 낯선 환경에서 느끼는 외로움, 문화적 배경이 다르기 때문에 느끼는 불편함 같은 것들. 사람마다 처한 상황이 다르니 살아가는 방식은 다르겠지만 적어도 그 낯선 감정만은 닮았기에 우리는 서로의 마음을 위로하고 응원할 수 있었다. 그저 같은 한국인이라는 이유 하나만으로.

투칸이 준
선물

"공항으로 출발하기 전까지 아직 두 시간 넘게 남았네?"

"그럼 브라질리아에서 또 가볼만한 곳이 어디 있지? 어디 보자, 동물원도 괜찮다고 들었는데."

"엇, 엄마! 나 동물원 갈래."

"나도 나도! 나도 동물원 가고 싶어."

늦은 오후 비행기를 예약한 덕분에 2박 3일 동안 브라질리아에서 가보고 싶었던 곳들을 둘러보았는데도 시간이 남았다. 한 군데 정도 갈 수 있겠다 싶어 남편과 대화를 나누는데 동물원이라는 단어를 듣자마자 두 아이가 빛의 속도로 반응했다. 이렇게 짧은 시간동안 다녀올 수 있을까. 하지만 간절한 눈망울로 바라는 아이들을 보니 마다할 수 없었다. 그래, 가보자!

브라질리아 동물원Zoo de Brasília 입구를 들어서자마자 'Eu Amor Brasília(나는 브라질리아를 사랑해요)' 조형물이 우리를 반겼다. 동물원 지도를 살펴보니 코끼리, 사자, 호랑이, 기린, 얼룩말, 코뿔소, 사슴, 타조, 플라밍고, 원숭이 등 다양한 동물이 있었다. 차를 주차장에 세워 놓고 걸으며 동물들을 구경하기 시작했다. 아이들은 한낮의 뙤약볕은 아랑곳 하지 않고 어떤 동물들이 기다리고 있는지 기대하며 발걸음을 옮겼다. 좋아하는 아이들의 얼굴을 보니 그래도 오길 잘

다시 가슴 뛰고 싶다면 브라질

했다는 생각이 들었다.

아이들은 특히 투칸을 반가워했다. 브라질에서 살며 여러 차례 보았지만 언제 봐도 신기할 만큼 독특하고 아름다운 새다. 남미에 서식하는 투칸^{Toucan}은 브라질 포르투갈어로 '투카누^{Tucano}'라 부르며, 우리말로는 '큰부리새' 또는 '왕부리새'라고 한다. 가장 잘 알려진 주황빛 부리의 토코투칸 외에도 여러 종류가 있다.

한국에서부터 가져왔던 '열대우림에 사는 동물' 책이 찢어질 정도로 넘겨보았던 두 아이는 그 책의 표지에 있던 투칸을 무척 좋아했다. 그런데 브라질리아 동물원에서 이렇게 투칸을 만나게 되다니. 좋아하는 것은 당연했다. 투칸의 울음소리는 크고 거칠지만 생각보다 온순한 성격인데다 선명한 부리가 아름다워서 우리 같은 외국인뿐 아니라 브라질 사람들도 길에서 만나면 무척 반가워했다. 두 마리의 투칸은 마치 우리를 기다리기라도 한 것처럼 가까이에 다가와 나무 열매를 먹었다. 크고 육중해 보이는 부리지만 가까이에서 보니 얇고 속이 텅 빈 듯 아주 가벼워 보였다. 투칸을 자세히 지켜보며 더 잘 이해할 수 있게 되었고, 실컷 볼 수 있다는 것만으로도 이곳에 오길 잘했다 싶었다.

공항으로 갈 시간이 다가올 때까지 여러 동물을 마저 보았지만 역시 제일 좋았던 것은 투칸이었다. 브라질에서 살며 여러 번 보았지만 이렇게 내 앞에서 실컷 본 적은 없었다. 그래서일까. 이제 곧 한국으로 떠날 우리에게 투칸이 주는 선물 같았다.

브라질리아는 이곳으로 수도 이전을 해 내륙 지방을 발전시키겠다는 주셀리노 쿠비체크 대통령이 없었다면 애당초 만들어지지 않았을지도 모른다.

주셀리노 쿠비체크^{Juscelino Kubitschek}는 1956~1961년까지 브라질의 21대 대통령이었다. 그는 1960년 브라질리아 도시 건설과 수도 이전을 이루었다. JK 기념관^{JK Memorial}에는 대통령 재임 시절에 대한 자료, 대통령 집무실, 대통령과 영부인이 실제 입었던 의상들이 전시되어 있다. 1976년 73세의 나이로 타계한 그의 시신 역시 이곳에 안장되어 있다.

브라질리아에는 그의 이름이 붙은 또 하나의 명소가 있다. 이 도시를 흐르는 파라노아 호수^{Lago do Paranoá}에 세워진 JK 다리^{Ponte Juscelino Kubitschek}다. 세 개의 커다란 아치가 있는 다리 너머는 브라질리아에서 가장 부유한 지역으로 꼽히는 라고 술^{Lago Sul}이다. 낮에도, 밤에도 아름다운 호숫가의 풍경을 감상할 수 있다.

Paraty

파라치

매력적인 브라질

Paraty

Rio de Janeiro

파라치
가는 길

　히우지자네이루 주 남쪽 바닷가 마을에 불과하지만 미나스제라이스에서 채굴된 금이 포르투갈로 이송되던 '황금의 길 Caminho do Ouro'의 종착지 항구였던 곳. 브라질의 역사와 아름다운 자연을 동시에 즐길 수 있다는 매력 때문에 브라질뿐 아니라 유럽 등 해외 여러 나라에서 찾아온 여행자들의 발길이 끊이지 않는 도시. 2019년 일야 그랑지 Ilha Grande 와 함께 유네스코 세계유산에 등재된 파라치* 이다.

　우리가 파라치로 떠난 날은 성모마리아 축일 Dia de Nossa Senhora Aparecida 이었다. 집에서 차로 4시간 반 정도면 갈 수 있었는데 파라치가 가까워질수록 속도가 점점 줄어들기 시작했다. 주위를 둘러보니 배낭을 메고 줄지어 걷는 사람들이 보였다. 아, 성모마리아 축일을 기념해 아파레시다까지 순례의 길을 걷는 사람들이구나. 사람도, 차도 모두 그곳을 향했다. 아파레시다를 지나자 도로는 금세 한산해졌다. 하지만 본격적인 지옥의 레이스는 지금부터 시작이었다. 산을 넘어가야 하는 순간이 찾아온 것이다. 내비게이션은 이미 꼬불꼬불한 산길을 안내하고 있었다. 다행히 걱정했던 것만큼 심하지는 않았다.

• 파라티

산을 넘어가자 우리 앞에 나타난 것은 17세기 과거로 돌아간 듯한 파라치 역사지구였다. 말로만 듣던 시간 여행이 드디어 시작되었다.

시간이 멈춘 그곳,
파라치 역사지구

파라치에 도착하자마자 우리는 파라치 역사지구Centro Histórico로 향했다. 17세기에서 시간이 멈추었다는 그곳을 당장 보고 싶었다. 파라치 역사지구는 돌을 깔아 만든 옛 도로 그대로 보존되어 있어 차량의 출입이 통제되었다. 오직 사람과 말이 끄는 마차만이 길 위를 지났다. 과거의 모습을 그대로 간직한 건물들이 옹기종기 모여 있었고, 짙푸른 대서양 바다는 건물 앞까지 밀려오고 있었다. 보름달이 뜨는 날이면 마을 도로가 바닷물에 잠긴다더니 우리가 찾아간 날에도 밀물 때가 되자 산타 히타 성당 주변 도로는 완전히 물에 잠겼다. 17세기의 모습을 간직한 옛 도시와 짙고 푸른 대서양 바다, 주위를 둘러싸고 있는 울창한 수풀과 나지막한 산, 곳곳에 자리한 야자나무들까지. 이토록 독특하면서 아름다운 풍경은 없었다.

파라치 역사지구의 골목마다 눈이 부셨지만 가장 눈길을 사로잡은 것은 역시 해변을 바라보고 서 있는 산타 히타 성당Igreja de Santa Rita de Cássia이었다. 언젠가 화실 선생님의 파라치 그림을 보고 홀딱 반해 사진을 찾아보고 그렸던 장면. 직접 캔버스에 그렸던 바로 그 장면 속에 지금 내가 들어와 있다는 사실이 믿기지 않았다. 1722년에 세워진 산타 히타 성당은 파라치에 세워진 최초의 예배당이었다. 당시에는 계급에 따라 예배드리는 곳을 달리 했는데 이곳에서는 물라토와 같은 혼혈인들이 예배를 드렸다고 한다. 분리된 계급과 식민지로서의 설

움이 고스란히 남은 도시이기 때문일까. 파라치의 낡은 성당과 오래된 길에서 짙은 감성이 느껴졌다.

그렇다고 마냥 슬프거나 우울하지 않았다. 도리어 어디에서도 본 적 없는 멋과 예술적 감성이 골목마다 가득했다. 17세기 바로크 양식에 따라 지어진 집들은 알록달록한 색을 덧입어 무척 아기자기했다. 낮게 지은 집의 담장 위에는 담쟁이덩굴 위로 붉은 꽃이 흐드러지게 피어 있었고, 골목마다 저 멀리 낡은 성당의 종탑과 십자가가 보였다. 제멋대로인 돌을 깔아 만든 도로 위에는 다그닥 다그닥 말이 끄는 마차가 지났고, 한쪽에는 식당 주인이 내다놓은 원목 테이블과 의자가 손님들을 맞이했다. 창문 너머에는 사람의 손으로 만든 정성어린 공예품들이 가지런히 걸려 있었다. 어느 쪽으로 고개를 돌려보아도 마치 일부러 건물과 소품들을, 풀과 나무를 배치해놓은 것 같았다. 굳이 무언가를 찾아가지 않아도 되었다. 그저 발길 닿는 대로 걷다보면 유서 깊은 건물이 나타났고, 라이브 음악을 연주하는 멋진 레스토랑과 카페가 나타났다. 파라치 역사지구에는 과거부터 현재까지 시간이 흐르며 쌓인 문화와 예술이 골목마다 가득했다.

다시 가슴 뛰고 싶다면 브라질

파라치 골목에는
행복이 스며있다

파라치는 17세기 도시의 모습을 그대로 간직하고 있어 유명해진 것이 아니다. 오히려 과거의 흔적만 남았다면 식민도시의 쓸쓸함만이 남은 유령 같은 도시가 되었을지도 모른다.

파라치는 미나스제라이스의 금이 한 세기를 미처 채우지도 못하고 말라버린 후에도 나름의 산업과 문화를 발전시켜 나갔다. 사탕수수 재배를 기반으로 파라치의 양조장에서는 브라질 전통 술인 까샤싸를 생산했고, 시간이 더할수록 품질 좋은 까샤싸로 이름을 알리게 되었다. 또 왕골을 직접 짜 만든 가방이나 모자, 나무를 깎아 만든 배와 장식 등 여러 수공예품이 입소문을 타면서 많은 여행자들이 찾는 곳이 되었다. 옛 도시의 유산이 고스란히 남은 작은 도시에 현대적인 감성을 가진 예술가들이 모여들면서 과거와 현재가 함께 어우러지는 새로운 문화가 창조되었고, 이들의 작업실과 갤러리가 들어서며 예술가들이 활동하는 낭만적인 공간이 되었다. 어쩌면 그런 이유 때문에 난 이곳에 꼭 와보고 싶었는지도 모른다.

파라치에 도착한 첫째 날, 산타 히타 성당과 골목을 간단히 둘러보았다. 마음 같아서는 밤늦도록 거리에 있고 싶었지만 4시간 반이면 올 거리를 7시간 만에 오는 바람에 모두 지쳐있었다. 수영장이 멋진 괜찮은 포사다를 예약해둔 터

라 첫날은 미련 없이 숙소로 향해 쉬었다. 다음 날, 푹 쉬고 일어나 다시 파라치 역사지구로 향했다. 어제 잠시 보았던 산타 히타 성당과 박물관부터 가보기로 했다. 성당은 작고 소박했다.

성당을 나와 아름다운 거리를 걸으며 구경하는데 점점 더워지기 시작했다. 짙은 구름 덕에 선선했던 어제와 다르게 오늘은 날이 좋아 꽤 더웠다. 마침 아이스크림 가게가 나타났다. 아이들은 각자 자신이 원하는 맛의 젤라또 아이스크림을 고르고, 원하는 토핑까지 얹은 뒤 무게를 달아 값을 지불했다. 입 안에서 사르르 녹는 달콤한 아이스크림 덕분에 더위가 싹 가셨다. 이탈리아에서 먹던 것과 별반 다르지 않은 브라질의 젤라또 아이스크림도 브라질 여행에서는 놓칠 수 없는 즐거움이다.

달콤함을 채웠으니 이제 다시 떠나볼까? 거리의 풍경도 아름답지만 상점마다 특색 있는 수공예품과 작품들을 선보이고 있어 볼거리가 많았다. 유독 사람들로 북적이는 곳이 있었다. 브라질의 전통 술인 까샤싸를 파는 곳이었다. 까샤싸는 사탕수수 원액을 발효시켜 만드는 증류주로 도수가 38~48도 정도다. 삥가Pinga, 까니냐Caninha라고 부르기도 한다. 까샤싸는 사탕수수가 활발하게 재배되었던 16세기 브라질에서는 가정마다 상비약이었고, 현재는 브라질의 전통

다시 가슴 뛰고 싶다면 브라질

주이자 칵테일 까이삐리냐Caipirinha의 재료이기도 하다. 상점 안에도 여러 브랜드의 다양한 까샤싸가 진열되어 있었다.

조금 더 걷자 이번에는 알록달록한 배가 걸려 있는 가게가 나타났다. 들어가보자! 나무를 깎아 만든 배에 브라질 특유의 색감으로 칠을 해놓아 투박하면서도 귀여웠다. 아기자기한 배를 구경하다 안쪽으로 들어가자 이곳에는 배뿐 아니라 물을 젓는 노도 진열되어 있었다. 게다가 아직 칠을 하지 않아 미완성인제품들이 가득 쌓여있었다. 한쪽에는 직접 나무를 깎고 다듬는 작업대도 있었다. 꼭 사야겠다고 마음먹었던 것을 만드는 공간까지 이렇게 가까이에서 보게될 줄이야. 마음에 드는 것들이 많아 몇 번이나 들었다 놓았다 고민하다 결국적당한 크기로 골랐다. 아이들도, 나도 원하는 것으로 골라 양손에 쥐고 가게를나서니 더없이 뿌듯했다.

파라치 역사지구의 골목 구경은 해도 해도 끝이 없었다. 왕골로 짠 가방이나 매듭으로 만든 생활용품을 파는 곳, 아마존 인디오의 전통문양을 새겨 넣은나무 수공예품을 파는 곳, 여러 자석과 장식품을 파는 곳 등 종류도 다양했다.그렇게 길을 따라 걷다보면 1754년에 처음 지어졌다는 파라치 문화의 집Casa da Cultura de Paraty을 만나기도 했고, 낡은 건물의 담벼락에 기대 앉아 기타를 연주하며 라이브 음악을 들려주는 젊은 뮤지션을 만나기도 했다. 어딘가 무너지고 낡은 모습이지만 그래서 더 소중하게 느껴지는 풍경이었다. 오히려 로맨틱한 감성이 골목마다 가득하다면 내가 너무 앞서나가는 것일까. 하지만 적어도 나에게는 사실이었다. 파라치의 골목에서 내 마음을 간질이는 잔잔한 봄바람을 나는 느낄 수 있었다.

미각이
춤추는 곳

파라치에 역사지구만 있었다면 지금처럼 예술적 감성이 흐르는 휴양지로 큰 인기를 얻지 못했을 것이다. 파라치에는 17세기 식민도시의 모습뿐 아니라 드넓은 바다와 사람들의 미각을 만족시키는 현대적인 다이닝 레스토랑들이 있다. 브라질의 역사, 자연환경, 음식의 삼박자가 맞아 떨어지는 것이다. 맛있는 음식만큼 사람들에게 행복감을 주는 것이 또 있을까. 몸과 마음이 쉬어가는 휴양에서는 더욱 빼놓을 수 없는 맛있는 음식이 있기에 파라치는 지금의 명성을 가질 수 있게 되었는지도 모른다. 특히 파라치에는 과거로 시간여행을 한 듯 운치 있는 옛 건물들이 가득한데 놀랍게도 그 안이 멋스러운 다이닝 레스토랑이나 카페로 탈바꿈한 곳들이 많다. 덕분에 파라치는 2017년 유네스코 창의도시 네트워크The UNESCO Creative Cities Network의 음식부문에 선정되기도 하였다.

우리가 파라치로 여행을 간다는 이야기에 먼저 이곳을 다녀간 친구들은 맛집 몇 군데를 소개해주었다. 스테이크가 맛있는 집, 프랑스 셰프가 요리하는 전문 프렌치 레스토랑, 짜지 않고 담백해 맛있다는 레스토랑까지. 파라치에 도착하자마자 우리는 그중 거리가 가까운 곳으로 향했다. 이름은 Quintal das letras. 들은 대로 옛 건물 그대로지만 내부는 현대식으로 인테리어가 되어 있었다. 브라질 특유의 자연스러운 원목 인테리어가 돋보이는 예쁜 식당이었다. 브라질은 촌스럽고 투박하다는 편견을 가진 사람들이 있다면 당장 보여주고 싶을 만

큼 세련된 실내가 마음에 쏙 들었다. 두근거리는 마음으로 메뉴판을 펼쳤다. 바닷가에 왔으니 오늘은 맛있는 해물을 맛보아야지.

"엄마, 나는 문어! 문어 들어간 거 먹고 싶어."

얼마 전 부드러운 문어 살을 맛보았던 아이들은 그 맛을 기억하고 있는 모양이었다. 메뉴에서 문어, 새우, 관자 등 여러 해산물이 듬뿍 들어간 요리를 골랐다. 두툼한 문어를 직화로 구워 얹은 리소토도 골랐다. 여기에 버섯과 해물을 구운 애피타이저까지 주문하니 금세 맛있는 요리가 상을 채웠다. 맛깔스러운 플레이팅을 보자 입에 침이 고였다. 향부터 예사롭지 않다 싶더니 그윽한 풍미가 입에 아주 착 붙었다. 우리는 리소토 밥알 하나조차 남기지 않고 아주 싹싹 먹었다. 그리고 진한 에스프레소와 블루베리 타르트를 주문해 함께 먹었다. 맛있는 음식 덕분에 이 도시의 첫인상이 좋았던 것은 두말할 필요가 없다.

파라치 여행 둘째 날, 호텔에서 아침을 든든하게 먹고 나와 여유롭게 다니다 보니 어느새 점심시간이 훌쩍 지났다. 걷다 나오는 식당 중에 느낌이 오는 곳으로 들어가 보기로 했다. 그렇게 결정하고 걷다 마주친 Banana da Terra. 건물도 멋졌지만 입구부터 세련된 인테리어가 엿보여 느낌이 좋았다. 식당 이름에

다시 가슴 뛰고 싶다면 브라질

바나나가 들어가서일까? 바나나 그림이 맞아주는 식당 내부는 토속적이면서도 멋스럽게 꾸며져 있었다. 돌로 쌓은 벽, 나무의 질감이 살아있는 테이블, 모던한 조명. 어쩌면 이렇게 자연 느낌 그대로를 살리면서 세련되게 인테리어를 했을까.

주문한 음식이 나왔다. 큼지막한 새우 요리는 자작한 크림소스와 함께 주물 팬에 담겨 나왔고, 부드러운 생선요리는 두툼한 뚝배기 안에 바나나를 깔고 나왔다. 생선과 바나나는 한 번도 상상하지 못한 조합이었는데 생각보다 맛있어서 깜짝 놀랐다. 브라질에서 바나나는 요리의 재료가 된다. 바나나에 얇게 밀가루를 입혀 튀긴 바나나프리타^{Banana Frita}나 계피가루를 뿌려 오븐에 구운 바나나 아싸다꽁까넬라^{Banana Assada com Canela} 같은 것들을 어느 곳에서나 먹을 수 있다. 그리고 여기 파라치의 멋스러운 식당에서는 바나나와 생선이 어우러진 색다른 요리를 맛보게 된 것이다. 그동안 제한적으로 접하던 식재료를 이렇게 다양하고 창의적으로 먹어볼 수 있다니. 브라질이어서, 파라치여서 그렇다.

파라치에는 이렇게 먹는 기쁨이 가득하다. 휴양지로 유명한 도시인데다 고급스러운 식당이 많아 대체로 물가는 비싼 편이지만 이러한 분위기와 맛이라면 기꺼이 값을 지불할 만한 가치가 있다는 생각이 들었다. 맛의 즐거움을 느낄 수 있는 파라치는 유네스코의 창의도시 네트워크의 미식 분야에 기꺼이 이름을 올릴만하다.

브라질의
모든 매력을 품다

3년이 넘는 시간동안 브라질에서 살며 아이들과 많은 브라질 도시들을 찾아 다녔다. 브라질의 역사가 고스란히 남은 유서 깊은 도시부터 푸른 대서양 바다를 온종일 즐길 수 있는 휴양지까지 그 종류도 다양했다. 각각의 도시가 가진 매력이 무척 달라서 어떤 곳이 제일 좋았다 라고 말하기도 어렵다. 하지만 만약 브라질이라는 나라가 가진 수많은 매력을 최대한 느낄 수 있는 곳을 딱 하나만 꼽아보라고 한다면 난 조심스럽게 한 곳을 고를 수 있을 것 같다. 그게 바로 나에게는 파라치다.

파라치의 길 위에 서면 이상하게도 시간이 멈춘 것 같다. 아니, 그보다는 과거로 시간 여행을 떠났다는 표현이 더 어울릴까. 낡고 허름한 옛 집들이 오밀조밀 모여 있는 파라치의 낯선 풍경에 난 금세 빠져들었다. 얼마의 시간을 견디어 냈을지 가늠하기조차 어려운 옛 도로. 그 길 위를 또각또각 달리는 마차. 포르투갈의 양식을 닮았으나 브라질 시골마을에 옮겨진 이상, 유럽의 것과는 도무지 같을 수 없는 건물들. 금방이라도 마을을 덮칠 것처럼 가까이에 자리한 깊고 푸른 대서양 바다. 결이 다른 제각각의 형태와 소리, 냄새와 정취가 나의 모든 감각을 에워쌌다. 파라치에는 나의 모든 감각을 깨울 만큼 매력적인 무언가가 있었다.

생각해보면 파라치는 태생적으로 결이 다른 문화를 가질 수밖에 없는 도시다. 브라질 남동부 히우지자네이루 주의 끝에서 이 땅에서 채굴한 금과 보석이 포르투갈로 건너가던 항구였으니. 유럽의 양식이 이곳에 옮겨와 변형되었고, 빼앗긴 자의 설움과 슬픔은 고스란히 남았다. 포르투갈 백인과 아프리카 흑인 노예, 남미 인디오, 그리고 그 사이에 태어난 혼혈인들이 한데 뒤섞여 살아갔던 땅. 17세기 양식 그대로 남겨진 파라치의 집들이 오늘에 와 알록달록한 물감을 덧입었지만 어딘가 모르게 슬픈 이유는 어쩌면 이 도시가 가진 옛 역사 때문일지도 모른다.

하지만 아이러니하게도 그네들에게는 슬픔이었을 이 땅의 역사가 이제는 어디에서도 찾을 수 없는 브라질의 멋이 되었다. 유럽과 브라질의 토속 문화가 한데 섞인 항구 도시. 그 멋에 반해 이곳에 정착한 예술가들과 셰프들의 손에 의해 재탄생한 갤러리와 멋스러운 다이닝 레스토랑. 재료 하나하나가 살아 움직이는 맛있는 요리. 겉은 옛 것 그대로이나 안은 현대적으로 탈바꿈한 매력적인 건물. 파라치는 그렇게 과거와 현재를, 유럽과 남미를 잇는다.

게다가 파라치에서 빠질 수 없는 것이 바로 보트 투어다. 파라치에서는 보트를 타고 맑고 푸른 대서양 바다의 작은 섬들을 옮겨 다니며 바다를 즐길 수 있다. 파라치는 항구도시여서 자체의 해변이 그리 아름다운 편은 아니지만 잠시 보트를 타고 나가 만나는 섬의 해변과 바다는 눈부시게 아름답다. 수영복 하나만 챙겨 입으면 보트에서 뛰어내려 유유히 수영을 하고 물고기들과 함께 스노클링을 할 수 있다. 온종일 아름다운 섬의 해변을 찾아다니며 바다를 즐기고 해변에서 일광욕을 하는 그야말로 진짜 휴양을 즐길 수 있다. 꿈꿔왔던 완벽한 휴양을 위해 우리도 보트 투어를 체험해보고 싶었지만 아직 발이 닿지 않는 바다는 무서워하는 아이들 때문에 다음으로 미룰 수밖에 없었다. 대신 보트 투어를 떠나는 배들이 정박한 부두 위에서 자유로운 분위기를 잠시나마 느껴보았다. 아기자기하게 채색한 배들이 바다 위에 떠 있는 모습은 생경했지만 무척 매력적이었다.

파라치에는 아름다운 섬과 바다, 브라질의 토양 위에 유럽의 문화가 이식된 17세기 식민도시의 풍경, 아기자기한 수공예품, 현대 예술가들이 정착해 만든 새로운 문화 공간, 신선한 식재료를 창의적으로 요리한 색다른 음식과 세련된 다이닝 레스토랑들이 있다. 매력적인 휴양도시가 가지고 있어야할 것들로 빠짐없이 채워져 있다. 남겨진 과거의 전통과 유산 위에 가장 현대적이고 멋스러운 문화가 더해진 파라치. 그러니 브라질의 수많은 매력이 이 도시에 함축되어 있다고 해도 되지 않을까.

가
슴
뛰
는
브
라
질

브라질리언
타임

세상 어디에나 완전히 좋은 일도, 완전히 나쁜 일도 없다던가. 그 법칙은 브라질에서도 통한다.

외출하던 길, 급하게 살 것이 생겨 집 앞 슈퍼에 들렀다. 다행히 손님은 많지 않았지만 내 앞에서 계산 중인 브라질 아주머니가 문제였다. 점원과 이야기를 나누느라 정신이 없었고, 점원은 맞장구를 치며 천천히 바코드를 찍었다. 물건을 비닐봉지에 모두 담은 후에야 아주머니는 지갑을 꺼내기 시작했다. 어휴, 완전히 늦어버렸네.

브라질에서는 서비스 기사가 방문할 때 '목요일 오후'처럼 두루뭉술하게 시간을 정하고, 아예 오지 않는 경우도 많다. 설사 왔더라도 부품이 없다거나 지붕이 미끄럽다며 다시 돌아가는 경우도 부지기수이다. 우리 집에도 에어컨을 설치하느라 무려 세 번에 걸쳐 설치기사가 방문했다. 첫 날에는 설치 부품이 안 맞았고 둘째 날에는 에어컨 가스가 없다고 했다. 한국의 빠른 서비스가 얼마나 대단했던 것인지 새삼 느낄 수 있었다.

다시 가슴 뛰고 싶다면 브라질

아이 친구의 생일파티에 초대받은 어느 날. 초대장에 적힌 시간에 맞춰 생일 파티 장소에 갔지만 텅 비어 있었다. 파티가 시작한지 한 시간이 지나서야 겨우 파티다운 분위기가 되었고, 네 시간이 지나 끝날 때가 되자 파티장은 가득 찬 손님들로 북새통을 이뤘다. 도대체 브라질 사람들의 시간 개념은 왜 이럴까.

브라질에는 '브라질리언 타임'이 있다. 약속 시간을 제대로 지키지 않고, 일절 서두르는 법이 없는 느긋한 브라질 사람들의 시간 개념을 빗댄 표현이다. 내 성격이 급한 것도 아닌데 '빨리빨리'가 익숙한 한국인이어서 그런지 좀처럼 적응이 되지 않았다. 아무리 급한 일이 있어도 여유롭고, 일처리가 더디다.

'오늘은 안 되지만 내일은 될 거야'. 사실 내일 된다는 보장도 없으면서 도리어 언젠가는 될 일인데 왜 이렇게 조바심을 내냐며 의아해한다. 그럴 때마다 '브라질이 아니라 우라질이네'라고 이야기하던 친구의 말이 떠올라 웃음이 났다. 하지만 처음에는 그토록 참을 수 없던 브라질리언 타임에 나도 모르게 적응이 되었다. 바빠도 서두르지 않고, 급하지 않기에 양보를 잘하는 브라질 사람들. 한국에서 늘 바쁘고 조급하게 살았기 때문일까. 타인에게 피해를 주는 것만 아니라면 오히려 그런 낙천적인 태도와 여유를 조금은 배워야겠다고 생각하게 되었다. '바쁠수록 돌아가라'는 우리 선조들의 교훈도 있지 않은가. 물론 브라질 사람들은 너무 돌아가서 답답할 때가 많았지만 말이다.

브라질
시장에서

　나는 시장이 좋다. 브라질 시장은 더욱 좋다. 어렸을 적 엄마 손을 잡고 따라가던 우리네 시장의 정감 있는 모습과 닮아 그렇다. 이제 겨우 포르투갈어를 더듬더듬 말하는 브라질 생활 초반이었지만 어쩐지 브라질 재래시장에서는 아무렇지도 않게 장을 보고는 했다. 오히려 백 날 책을 열어보아도 잘 외워지지 않았던 과일과 생선 같은 재료의 이름이 시장에서는 고스란히 기억되었으니 시장은 물건을 사는 곳만이 아니라 브라질을 배우는 공간이었다.

　하나하나 천천히 들여다보며 물건을 고르면 친절한 브라질 상인들은 유쾌하게 웃으며 대화를 건넸다. 야채 아저씨의 좌판에서 바구니에 감자를 골라 담으면 아저씨는 무게를 달아 가격을 알려주며 봉지에 담아주었다. 생선 아저씨의 트럭 앞에서 아이들이 좋아하는 굵은 새우를 고르면 아저씨는 친절하게도 일일이 껍질을 벗겨 포장해주었다. 잘생긴 과일 가게 청년은 언제나 반짝반짝 윤이 나는 여러 과일을 좌판에 예쁘게 쌓아놓았다. 달걀 아주머니는 하얀 달걀과 주황 달걀을 쌓아놓고 수다스러운 인사를 건넸다. 저렴한 가격에 지나치지 못하고 방사유정란 한 판을 계산하고 나면 양 손이 묵직해졌다.

　두 손 가득 신선한 재료를 들고 차로 돌아올 때면 언제나 마음에는 감사가 채워졌다. 이 신선한 재료들을 가지고 무얼 해 먹을까, 어떻게 해 먹을까 생각

하다보면 제 역할에 충실한 주부가 된 것 같아 위로가 되기도 했다. 고되고 낯선 외국 생활에 이만큼이나 적응하며 잘 살고 있다고 인정받는 기분이었다. 시장은 모름지기 구경하는 재미, 사는 재미, 먹는 재미가 있는 곳 인줄 알았거늘 이토록 위안과 위로가 있을 줄이야. 아마도 그래서 난 브라질 시장을 좋아했는지도 모른다. 사랑하는 가족을 한 번이라도 더 떠올리며 우리 집 밥상을 소박한 음식들로 채울 수 있어서, 덕분에 서늘해진 마음을 달래고 고단한 삶을 위로 받을 수 있어서. 그래서 난 브라질 시장에 갔다.

오늘 하루를
위하여

"벌써 올해의 마지막 날이라니. 시간 참 빨라요."

"그러니까요. 참, 오늘 밤에 놀라지 마세요. 전 처음에 어디에서 총 쏘는 줄 알았잖아요."

한 해의 마지막 날. 나보다 먼저 브라질 생활을 시작한 지인은 오늘 자정을 기대하라고 했다. 도대체 얼마나 대단하기에 그러는 걸까. 두 아이를 씻기고 재우다가 슬쩍 선잠이 들었다. 그런데 어디에선 '팡팡'하는 소리가 났다. 낮에 들었던 이야기가 생각나 잠이 확 달아났다. 부리나케 창문으로 달려가 열어보니 까만 밤하늘에 벌써 화려한 불꽃놀이가 시작되었다. 하나가 아니었다. 왼쪽 하늘에서도, 오른쪽 하늘에서도 폭죽이 터졌다. 한국의 놀이공원이나 파리 에펠탑에서 보았던 불꽃놀이와는 비교가 되지 않을 정도로 소박했지만 놀랄 수밖에 없었다. 생각보다 꽤 오랫동안, 그것도 여기저기에서 터뜨리는 폭죽들마다 개인이 쏘아올린 것이었기 때문이다. 꼭 부자여서 그러는 것은 아니다. 부유한 사람은 부유한대로, 그렇지 않은 사람은 자기 형편에 맞게 폭죽을 터뜨리며 함께 기뻐한다.

어디 그뿐일까. 전 세계인의 시선을 사로잡는 브라질 카니발 퍼레이드에 참여하는 사람들 역시 그저 기쁨을 누리기 위해 땀 흘려 공연을 준비한다. 물론

경연에서 우승을 하면 상금도 주어지고 전문 댄서로 발탁되는 경우도 있다고 하지만 대부분의 참가자들은 자신의 만족과 기쁨을 위해 일 년 간 구슬땀을 흘린다고 한다. 오로지 나의 기쁨과 행복을 위해 오늘을 사는 브라질 사람들이기 때문에 가능한 이야기인지도 모른다.

몇 해 전부터 한국에서 유행처럼 번진 말이 있다. You Only Live Once. 욜로 YOLO. 미래를 위해 참고 애쓰기보다 현재의 삶에서 즐거움과 행복을 추구하는 생활을 뜻한다. 욜로는 경기 침체와 청년 실업 등 팍팍한 현실에 지친 청춘들에게 큰 반향을 불러일으키며, 새로운 트렌드로 자리 잡았다. 나와 오늘의 행복을 위해 작은 소비를 하며 소소한 기쁨을 누리는 것이 더 가치 있다 말한다. 소소하지만 확실한 행복을 뜻하는 소확행 역시 마찬가지다. 욜로와 소확행을 지켜보며 난 브라질 사람들을 떠올렸다. 그들에게 오늘 내가 일하는 이유는 저축을 위해, 결혼이나 집을 사기 위해서가 아니다. 지금 당장 재미있고 행복하게 살기위해 그들은 일한다. 그리고 열심히 일했다면 맥주 한 병을 앞에 두고 밤새 친구들과 수다를 떨 수 있는 마음의 여유가 가득하다. 어쩌면 욜로는 애초부터 브라질 사람들을 위해 만들어진 말일지도 모른다. 한 번뿐인 인생, 즐겁고 행복하게 사는 것이 최고라고 말하는 브라질 사람들. 그들이 인생을 대하는 낙천적인 태도는 분명 욜로와 닮았다. 그것도 아주 많이.

한여름의
크리스마스

영화 제목만이 아니다. 한국과는 지구 반대편인 브라질에서는 언제나 한여름의 크리스마스다. 브라질에서 12월 25일은 가장 더운 여름이다. 그러니 우리가 생각하는 전나무가 있을 리 없다. 한국과 마찬가지로 조화나 야자나무에 전구와 장식을 달아 크리스마스트리를 꾸민다. 한번은 크리스마스 때마다 정원을 호화롭게 꾸미는 브라질 이웃집에 반팔과 반바지 차림의 산타클로스가 나타난 적도 있었다. 하늘을 향해 곧게 뻗은 야자나무 아래에 시원하게 차려입고 앉은 산타클로스 인형은 브라질 사람들이 즐겨 신는 플립플랍^{flip-flop}까지 신고 있었다. 며칠 전 빨간 산타 옷을 입고 있는 것을 분명히 보았는데 갈아입힌 모양이었다. 브라질 이웃의 위트 있는 장식에 웃음이 터졌다.

브라질에서는 크리스마스가 되면 '펠리스 나따우(Feliz Natal)!'라는 인사를 건넨다. '기쁜 성탄'이라는 뜻이다. 그리고 '파네토네^{Panettone}'를 선물한다. 파네토네는 바닐라 향을 첨가한 케이크에 건포도나 말린 오렌지, 무화과 같은 과일을 넣어 만드는 이탈리아의 빵이다. 초콜릿을 워낙 좋아하는 브라질 사람들이어서 과일 대신 초콜릿 칩이나 크림을 넣어 만들기도 한다. 이탈리아 이민자가 많은 브라질에서는 대표적인 전통이어서 12월만 되면 상점마다 파네토네가 산처럼 쌓여 있다.

다시 가슴 뛰고 싶다면 브라질

크리스마스가 되면 브라질 거리의 상점들은 문을 닫는다. 부활절이나 새해 첫 날 같은 공휴일 역시 그렇다. 한국에서라면 거리에 넘치는 사람들이 지갑을 여는 때인데 모든 상점과 대형마트가 모조리 문을 닫다니. 처음에는 브라질 사람들이 돈 버는 일에 관심이 없거나 놀기를 좋아해서라고 생각했다. 노동법이 강한 나라이기 때문이라고도 생각했다. 이 모두가 전혀 틀린 것은 아니지만 사실 단편적인 생각이었다.

내가 겪은 브라질은 가족중심적인 사회문화가 형성되어 있었다. 아이들의 학교 행사, 심지어 평일 낮에 열리는 선생님과의 상담에도 엄마와 함께 참여하는 아빠들이 많았다. 토요일에 열리는 행사에 부모는 물론이고 할아버지, 할머니, 그리고 아이의 가톨릭 대부나 대모가 된 삼촌, 이모와 같은 친척들이 모두 모였다. 브라질에서 중요하게 여기는 아이의 생일파티에도 그렇다. 마찬가지로 크리스마스나 부활절 같은 명절에도 가족들이 한데 모여 음식을 나누고 시간을 함께 보냈다. 크리스마스와 새해가 몰려 있는 연말부터 새해 첫 주까지 약 보름동안 가족들과 여행을 떠나 함께 휴가를 보내는 사람들도 많았다.

브라질의 크리스마스에는 없는 것들이 많다. 눈, 추위, 문을 연 상점 같은 것들. 대신 야자나무, 파네토네, 더위, 여름 바다, 가족과 함께 하는 소중한 행복이 있다. 브라질에 오기 전에는 상상할 수 없었던 한여름의 크리스마스지만 기대 이상으로 즐겁고 따뜻하다.

"펠리스 아누 노부(Feliz Ano Novo)!"

브라질에서는 새해를 맞이하며 '기쁜 새해'라는 뜻의 인사를 건넨다. 새해에는 흰 옷을 입어 복을 기원하는 전통이 있다. 속옷까지도 흰색으로 챙겨 입는다. 특히 흰 옷을 입고 바다에서 파도를 7번 건너면 새해에는 좋은 일만 생긴다는 속설이 있어 12월 마지막 날의 자정 무렵에는 흰 옷을 입고 파도 위를 뛰는 사람들을 많이 볼 수 있다. 1월 1일 새해맞이를 하며 동해에서 해돋이를 보는 우리의 문화와 비슷한 면이 있다.

"펠리스 빠스꼬아(Feliz Páscoa)!"

국민의 대부분이 전통적으로 가톨릭을 믿어온 브라질에서는 예수가 부활한 부활절이 큰 명절 중 하나다. 부활절 토끼가 달걀을 가져온다는 독일 민담처럼 브라질에서도 토끼와 달걀로 장식하고, 달걀 모양으로 만든 초콜릿을 서로에게 선물한다. 특히 아이들에게는 안이 뻥 뚫린 커다란 초콜릿 알을 선물하는데 안에 장난감이 들어 있어 인기가 많다. 초콜릿 브랜드에서 장난감을 넣어 만든 초콜릿 알을 상점마다 걸어놓고 판매한다.

"펠리스 나따우(Feliz Natal)!"

크리스마스가 되면 브라질은 더욱 들뜨고 행복한 분위기가 된다. 이탈리아에서 유래한 빵인 파네토네를 서로에게 선물하고 가족들과 단란한 시간을 보낸다. 쇼핑몰마다 산타복장을 한 백발의 할아버지 산타들이 아이들과 사진을 찍어준다. 크리스마스 전날인 이브 오후부터 쉬기 시작해 연말과 새해 첫날 신정까지 쉬는 경우가 많다. 이처럼 브라질은 가톨릭 전통이 짙은 나라이기 때문에 공휴일 중에 부활절이나 크리스마스처럼 가톨릭 절기와 관련된 것들이 많다. 그런 이유에서 매년 날짜가 달라지는 공휴일도 있다.

날짜	공휴일
1.1	신정(Ano—Novo)
2월 중. 사순절 앞 3일	카니발 축제(Carnaval)
4월 중. 부활절 전 금요일	성 금요일(Sexta—feira da Paixão)
4월 중. 춘분 다음 첫 만월 후 첫 일요일	부활절(Páscoa)
4.21	독립운동가 치라덴치스 추모일(Tiradentes)
5.1	근로자의 날(Dia do Trabalho)
6월 중. 삼위일체 대축일 후 첫 목요일	성체의 날(Corpus Christi)
9.7	독립기념일(Dia da Independência do Brasil)
10.12	성모 마리아의 날(Nossa Senhora Aparecida)
11.2	망자의 날(Finados)
11.15	공화국 선포일(Proclamação da República)
12.25	성탄절(Natal)

시골뜨기가
되는 날

브라질 유치원에 다닌 지 이제 겨우 4개월. '페스타 주니나 Festa Junina'라는 행사가 다가오고 있었다. 브라질은 파티문화가 대단하다고 들었는데 도무지 감이 오지 않았다. 결국 한국에서 가져온 아이의 드레스 몇 벌을 브라질 친구에게 보여주었다. 그녀는 웃음을 터뜨리고는 이미지를 검색해 보여주었다. 그러자 알록달록한 꽃무늬 드레스들이 나타났다. 정말 귀여울 정도로 촌스러운 드레스들이었다.

페스타 주니나는 이름 그대로 매년 6월에 열리는 브라질의 축제다. 한국의 가을이 그러하듯 브라질에서도 5월쯤이 되면 서늘한 바람이 불어오고, 시장에는 감과 같은 가을 과일들이 나오기 시작한다. 이때가 바로 수확의 시기, 그리고 한 해의 농사를 마무리하며 축하하는 때다. 해마다 6월, 추수에 감사하는 브라질의 전통은 포르투갈 식민 지배 이후 가톨릭 절기에 영향을 받게 되었다. 포르투갈에서는 세례요한의 탄생일인 6월 24일을 성 요한 기념일로 지키는데 브라질에서는 23일 저녁을 기준으로 앞뒤 2주 사이에 한 해의 수확에 감사하는 축제를 즐기게 되었다. 이것이 바로 브라질의 6월 축제, 페스타 주니나다. 브라질의 전통과 포르투갈의 가톨릭 풍습이 결합된 페스타 주니나는 여기에 아프리카, 이탈리아, 아시아 등 이민자들의 문화가 덧입혀지며 브라질만의 독특한 추수감사축제로 완성되었다.

페스타 주니나는 한 해의 농사를 마치며 축하하는 자리인 만큼 농사를 지으며 살아가는 까이삐라Caipira의 모습으로 꾸민다. 여자들은 프릴이나 레이스, 꽃무늬 천으로 꾸민 드레스를 입고, 빨갛게 화장한 볼에는 주근깨를 그려 넣는다. 남자는 체크무늬 셔츠에 가죽조끼를 입고, 얼굴에는 수염을 그려 넣는다. 여기에 밀짚모자를 쓰고, 가죽부츠까지 신으면 완성. 영락없는 시골뜨기의 모습이지만 그래서 더 웃음이 나는 즐거운 축제가 시작된다. 특히 페스타 주니나는 아이들이 중심이 되어서 마을이나 학교마다 귀여운 시골뜨기 꼬마들이 가득하다.

촌스럽게 차려입은 사람들은 모닥불 주위에서 경쾌한 리듬의 음악에 맞춰 쿠아드릴랴Quadrilha라는 전통 춤을 춘다. 프랑스 사교춤과 브라질 민속 음악이 결합한 춤이다. 또 '까이삐라의 결혼Casamento Caipira'이라는 짧은 연극을 하거나 연극 대신 남녀가 팔짱을 끼고 행진을 하기도 한다. 낚시 게임이나 빙고 게임을 하고, 옥수수로 만든 여러 음식을 먹는다. 옥수수를 재배하는 북동부 지역에서 유래한 축제이기 때문이다.

흥겨운 음악이 나오면 춤을 추고, 차려진 음식을 자유롭게 먹으며, 파티를 즐기는 브라질 사람들. 파티를 사랑하는 이들이라 그런지 페스타 주니나에도 역시 멋과 흥이 가득하다. 마치 누가 더 촌스러운지 내기라도 하는 것처럼 잔뜩 꾸민 까이삐라가 되어. 매년 6월이 되면 찾아오는 브라질의 민속 축제, 페스타 주니나에는 언제나 풍성한 수확에 대한 감사와 기쁨, 그리고 행복이 가득하다.

다시 가슴 뛰고 싶다면 브라질

상상을 초월하는
생일파티

Parabéns pra você	당신을 위해 축하해요
Nesta data querida	이 사랑스러운 날에
Muitas felicidades	가장 큰 행복이
Muitos anos de vida	당신의 인생에 오래오래 있기를

– 브라질의 생일축하노래, 빠라벵스 Parabéns

"브라질 아이들 생일파티는 정말 놀라워요. 아마 깜짝 놀랄 거예요."

열이면 열, 모두 다 입을 모아 이야기했다. 브라질 아이들 생일파티는 정말 엄청나다고. 대체 어떻기에 그런 걸까? 브라질 학교를 다니기 시작한 지 보름, 아이의 반 친구에게서 생일파티 초대장을 받았다.

선물을 들고 친구 집에 들어선 순간, 입이 다물어지지 않았다. 수영장과 잔디밭이 있는 근사한 집도 놀라웠지만 그곳에는 에어 슬라이드와 에어 바운서, 트램펄린이 놓여있었다. 대여한 놀이기구마다 안전요원들이 서서 아이들과 놀아주었고, 파티 중간쯤에는 마술사가 등장해 재미난 공연을 선보이기도 했다. 포르투갈어는 물론이고 브라질에 대해 아는 것이 별로 없던 우리 부부에게 문화 충격이나 다름없었다. 브라질 친구 부모님과 인사를 나누는데 이번에는 한 직원이 파티음식이 담긴 접시를 들고 왔다. 반죽 안에 닭고기나 소고기를 넣고 한 입 크기로 만들어 튀긴 사우가두Salgado였다. 어마어마한 규모의 파티에 비해 파티음식은 너무나 앙증맞아서 속으로 웃음이 났다. 한 손에는 짭짤한 핑거푸드를, 다른 손에는 시원한 음료를 든 채 파티는 네 시간 동안 계속 되었다.

얼마 지나지 않아 또 다른 친구의 생일파티가 있었다. 이번에는 어린이 생일파티 전용 뷔페였다. 뭐 얼마나 대단하겠어? 하지만 그런 나의 생각을 비웃기라도 하듯 뷔페에는 다양한 놀이기구가 설치되어 있었다. 범퍼카, 슬라이드, 트램펄린, 회전목마, 미니 기차, 집라인, 심지어 미니 자이로드롭까지. 브라질에서는 한국의 대형 키즈카페와 비슷한 규모의 뷔페를 통째로 빌려서 생일파티를 한다. 오로지 한 아이를 위해서. 물론 비용이 많이 드는 것은 말할 것도 없다. 직장인 한 달 월급 이상이니 말이다.

브라질에서는 이런 생일파티를 아이가 열 살이 될 무렵까지 매년 해준다. 물론 친한 친구들만 초대하거나 파티 대신 가족여행을 가기도 하지만 보통은 반 친구와 그 가족들을 초대해 함께 축하를 한다. 또 아이의 가톨릭 대부나 대모를 맡은 삼촌과 이모, 그리고 할아버지, 할머니 등 친척들까지 모두 모인다. 마치 우리나라의 돌잔치를 매년 생일마다 하는 느낌이라고 할까. 아이 한 명을 위해 이렇게 많은 사람들이 모이다니. 그러니 그 마음이 고마워 아이의 부모는 놀잇감과 음식, 답례품을 준비하는 것이다.

몇 번의 생일파티를 다녀보며 궁금한 생각이 들었다. 브라질에서 소득 수준이 높은 가정들이라서 이렇게 호화로운 생일파티를 하는 게 아닐까? 물론 어느 정도 맞는 말이긴 하지만 주변에 물어보니 꼭 그런 것만도 아니었다. 부유하면 부유할수록, 가난하면 가난한대로 부모가 할 수 있는 최선을 다해 준비한다. 심지어 벽과 지붕뿐인 빈민촌 파벨라에 사는 이들조차 아이의 생일에는 최대한 집을 꾸미고, 친구들을 초대해 작은 케이크에 불을 밝힌다고 한다. 자식을 가진

다시 가슴 뛰고 싶다면 브라질

부모 마음은 다 같은 법이니까.

　사실 브라질에 오기 전에는 알지 못했다. 이들이 얼마나 아이들을 좋아하는지. 그저 정이 많고 친절한 사람들이라는 것만 알고 있었지, 이렇게까지 아이엄마와 아이들을 최우선으로 배려하고 양보하는지 미처 알지 못했다. 그 정도로 아이들을 예뻐하는 사람들이니 조금은 사치스럽게 느껴지는 생일파티도 가능한 것인지 모르겠다. 아이 생일파티를 위해 일 년 내내 돈을 모으고, 아이의 15세 성년 생일파티를 위해 평생 돈을 모으는 가난한 브라질 엄마의 이야기가 어쩌면 과장이 아닐지도 모른다는 생각이 들었다. 아이가 먼저인 브라질이라면 충분히 가능한 이야기일 테니까.

기쁘고 좋은 날, 브라질에서는 브리가데이루^{Brigadeiro} 초콜릿을 먹는다. 생일파티의 마지막, 생일축하노래를 부르고 촛불을 끄고 나면 항상 이 초콜릿을 나누어 먹는다.

브리가데이루는 연유와 초콜릿 가루로 만든다. 버터, 연유, 초콜릿 가루를 끓여 만들다 줄여지면 불을 끄고 경단처럼 동그랗게 빚는다. 겉에 길쭉한 초콜릿 스프링클을 붙여주면 끝. 만들기도 쉽지만 입에서 달콤하게 살살 녹는다. 초콜릿 무스나 케이크로도 만들어 먹는다.

그러고 보면 브라질 사람들은 남녀노소 할 것 없이 달콤한 디저트를 참 사랑한다. 식사 후에는 언제나 커피와 디저트를 즐긴다. 우유를 달콤하게 끓여 만든 푸딩^{Pudim de Leite}이나 새콤한 마라쿠자를 얹어 만든 푸딩^{Pudim de Maracujá}을 먹기도 하고, 브리가데이루 초콜릿이나 아이스크림을 곁들여 먹기도 한다. 이렇게 살살 녹는 달콤한 디저트와 쌉싸름한 커피를 입에 넣어야 비로소 식사가 끝이 난다.

처음에는 브리가데이루 초콜릿도, 초콜릿 시럽을 듬뿍 얹은 당근 케이크도 너무 달게만 느껴졌다. 과한 단 맛과 질퍽한 식감에 영 마음을 주지 못했다. 그런 내가 어느 새 이렇게 브라질 디저트를 사랑하게 되었다니. 새삼 느낀다. 아, 나도 이렇게 브라질 사람들을 닮아가는구나 하고 말이다.

브라질의 변화는
현재진행형

'여기가 미국도 아니고. 무슨 블랙프라이데이 할인 행사를 이렇게 많이 한담.'

처음에는 그랬다. 블랙프라이데이가 시작하기 몇 주 전부터 요란법석하게 준비하는 브라질 상점들을 보며 의아했다. 분명 브라질에 오기 전에 봤던 여행 책에서는 브라질 사람들이 미국을 그다지 좋아하지 않는다고 했는데 막상 와 보니 그렇지도 않았다. 11월의 마지막 금요일 하루 동안, 또는 주말까지 3일 동 안이나 그 일주일동안 파격적인 할인 행사를 진행했다. 수입에 의존하는 비중 이 높은 브라질에서 고가의 상품들을 저렴하게 구입할 수 있는 기회여서 대형 마트와 백화점마다 사람들로 가득했다.

어디 블랙프라이데이 뿐이랴. 할로윈이 다가오면 브라질 상점마다 호박이 나 괴기스러운 마녀 의상, 장신구들이 가득했다. 집집마다 현관이나 정원에 할 로윈 장식들을 달아 놓기도 했고, 할로윈에 맞춰 집을 찾아오는 꼬마 손님들에 게 사탕을 주기도 했다. 우리 아이들도 할로윈이 되면 좋아하는 만화 주인공의 코스튬을 입고 호박 모양 바구니를 들고서 이웃집을 찾아가곤 했다. 정원에 할 로윈 장식을 달아놓은 집을 골라 노크하면 미리 준비한 달콤한 사탕과 초콜릿 을 바구니에 담아주었다. 학교에서도 반별로 코스튬을 입고 퍼레이드를 하거 나 고학년 학생들이 꾸며놓은 게임 부스에서 재미난 게임에 참여하며 할로윈

을 즐겼다. 나라 전체가 즐기는 명절은 아니었지만 미국의 전유물처럼 느껴졌
던 재미난 행사와 풍습들이 더 이상 브라질에서 낯설지 않았다. 브라질은 변화
하고 있다.

브라질의 젊은 세대에게 단연 최고의 관심은 영어다. 오래 전만 해도 브라질
은 대미 무역 비중이 높지 않은 탓에 영어에 대한 관심이 그리 높지 않았다. 하
지만 어디 영어가 단순히 미국만의 언어이던가. 몇 차례 정권이 바뀌는 동안 브
라질의 개혁 개방 정책도 꾸준히 전개되어 이제는 영어가 중요한 언어로 인식
되기 시작했다. 브라질 상류층을 중심으로 영어 교육 열풍이 불기 시작한 것이
다. 영어로 수업을 진행하는 국제학교나 사립학교에 학생들이 몰리게 되었다.
모국어인 포르투갈어와 영어를 모두 사용하는 이중언어 유치원, 일명 영어유
치원들의 인기도 높아지게 되었다. 흡사 우리나라의 90년대 초반과 비슷하다.

물론 브라질은 빈부 차가 극심하기 때문에 일부에 국한된 이야기일수도 있
다. 하지만 사실 브라질의 상류층들은 이미 수 년 전부터 미국이나 유럽으로 자
유롭게 여행을 다니고, 어학연수를 다니며 살아왔다. 미국의 블랙프라이데이
기간에 맞춰 쇼핑을 하러 미국에 다녀오는 것쯤은 그들에게 예삿일이었다. 어
찌 보면 시대의 흐름에 따라 영어 교육의 필요성을 느끼는 브라질 사람들이 점

다시 가슴 뛰고 싶다면 브라질

차 많아지는 것일 뿐이다. 앞으로 브라질은 어떻게 변화할까. 세계에서 가장 잠재력 있는 시장으로, 성장 가능성이 큰 나라로 평가받아 온 브라질의 앞날이 더욱 궁금해진다.

브라질의 의료보험은 한국과 다르게 민영화되어 있다. 개인이 의료보험 회사에 가입하고 보험료를 지불하면 보험회사에서 진료비를 지급하는 방식이다. 다양한 상품 중에 각자의 급여 수준에 맞게 가입하다 보니 소득이 일정치 않거나 매우 적은 빈곤층은 민간 의료보험에 가입조차 할 수 없다. 이들을 구제하기 위해 브라질 정부는 각 지역의 보건소에서 무료 진료를 하며, 처방 약과 예방접종 등 모든 의료 서비스를 무상으로 제공한다.

반면 브라질의 교육, 특히 공교육은 만 6세부터 만 14세까지의 학생들에 대해 의무교육을 실시함에도 불구하고 오랜 독재정권 동안 사실상 방치되어 국민의 신뢰를 받지 못하고 있다. 오히려 학부모의 수요에 맞춰 교육과정을 편성할 수 있는 사립학교나 국제학교에 경제력이 있는 중산층 이상 가정의 자녀들이 진학하고, 이들이 명문대로 손꼽히는 주립대학이나 시립대학에 진학해 거의 무료로 학업을 이어간다.

이와 같은 교육 기회의 불평등은 결국 문맹률로 이어져 브라질에는 글을 읽거나 쓰지 못하는 사람의 비율이 꽤 높은 편이다. 한 가지 다행스러운 것은 최근 들어 무너진 공교육을 되살리고 극빈층에게 평등한 교육의 기회를 제공하려는 정부 차원의 노력이 이어지고 있다는 것이다. 그 결

과 2018년 유네스코의 조사에서 문맹률 7%라는 고무적인 성과가 나타나기도 했다. 앞으로 교육이 정상화되고 누구에게나 배움의 기회가 돌아가기 위해서는 지속적인 노력이 필요할 것이다.

위험하지만
아름다운

"브라질 살아보니 어때? 난 브라질에 한 번 가보고 싶은데 남편은 내키지 않은가봐."

한국에 있는 친구에게 연락이 왔다. 평소 내 SNS에서 브라질의 일상과 여행 이야기를 보았던 친구는 브라질에서 한 번쯤 살아보고 싶다는 생각을 했다고 한다. 하지만 친구의 남편은 손 사례를 치며 절대 브라질에서는 살 수 없다고 했단다. 이유는 바로 브라질의 치안 때문. 상파울루에 사는 선배가 있는데, 늘 방탄차를 타고 다닌다며 자신은 위험해서 못 살 것 같다는 이야기였다.

사실이다. 브라질은 전 세계에서 방탄차가 제일 많이 팔리는 나라 중 하나다. 불법으로 소지한 총기 관리가 잘 되지 않고, 크고 작은 사건들이 끊이지 않는다. 밤에 강도를 만나 도망을 갔더니 그들이 쏜 총알이 자동차에 박혔다거나 운전석 창문에 총을 들이대 지갑을 빼앗겼다는 이야기를 들은 적이 있다. 은행 현금인출기에서 현금을 찾은 사람을 뒤쫓아 오거나 소매치기를 당하기도 한다. 이쯤 되면 브라질에서 살아도 될까 하는 걱정이 몰려온다.

하지만 불안한 치안 때문에 브라질을 경험할 기회를 포기한다면 그것만큼 어리석은 일도 없다. 브라질은 보고, 또 봐도 늘 새롭고 신기한 나라다. 한국과 멀리 떨어져 있는 만큼 자연환경과 식생활, 사람들의 성향마저도 우리와는 참 많이 다르다. 게다가 세계에서 다섯 번째로 넓은 땅을 가진 나라여서 지역마다 생활 모습과 문화가 매우 다르다. 그래서 난 브라질 사람들을 사귀어 갈 때마다, 브라질의 새로운 도시에 다녀올 때마다 이 나라가 가진 매력의 끝은 어디일까 늘 되묻곤 했다. 그것이 아마 내가 브라질에 발을 디딘 순간부터 여행을 멈출 수 없었던 이유가 아니었을까.

    이런 나의 생각을 친구에게 고스란히 전해주었다. 그 어디에서도 경험하지 못할 매력적인 브라질을 만나 볼 기회가 있다면 놓치지 말라고. 우리나라에 비하면 치안이 좋지 않지만 사실 조금만 주의해 생활하면 생각보다 안전하고 지내기 좋은 나라라고 말이다. 이제 남은 판단은 그녀의 몫이다. 그녀가 어떤 선택을 할지 나는 알 수 없지만 만약 주저하고 있다면 한 번 더 이야기 해줄 것이다. 브라질은 위험하지만 그 위험을 감수할 만큼 충분히 아름다운 나라라고.

말도 유창하지 않고, 외모도 눈에 띄는 내가 브라질에서 안전하게 여행하며 사는 법을 소개한다.

1. 사람이 많은 곳에서는 소매치기를 조심한다.
2. 빈민가는 가지 않는다.
3. 어두운 밤에는 가급적 외출하지 않는다.
4. 안전요원이 있는 쇼핑몰이나 마트를 이용한다.
5. 휴대폰이나 카메라를 손에 들고 다니지 않는다.
6. 운전할 때는 차의 문을 항상 잠그고, 보조석에 가방이나 지갑은 올려 놓지 않는다.
7. 강도를 만나게 된다면 두 손을 들어 총이 없음을 보여주고, 지갑을 그대로 준다.

간단한 방법 몇 가지를 잘 기억한다면 브라질은 생각만큼 그렇게 위험하지 않다. 오히려 나와는 다른 방식으로 지구 반대편에서 살아가는 이들과 친구가 되고, 그들과 함께 하며 소소한 행복과 유연한 삶의 태도를 배울 수 있는 값진 시간을 만날 수 있다. 그러니 무조건 겁먹기보다 안전하게 여행하는 법, 생활하는 법을 기억해두자.

두 아이 손잡고,
34개 브라질 도시

"대단해요. 아이들 데리고 여행을 정말 많이 다니더라고요."

브라질에서 만난 사람들도, 한국에 있는 사람들도 모두 같은 반응이었다. 여전히 어린, 심지어 브라질에 온 직후에는 너무나 어렸던 두 아이를 데리고 브라질 이곳저곳을 다니는 우리 부부를 보며 모두 같은 이야기를 건넸다.

아이와 함께 하는 여행은, 특히 브라질 여행은 쉽지 않았다. 5살, 2살인 두 아이와 브라질 땅을 밟은 지 보름 만에 첫 여행을 시작했으니 다시 생각해봐도 많이 어린 아이들이었다. 땅이 넓은 브라질에서 어딘가를 찾아가는 것은 시간이 많이 걸리는 일이다. 그 긴 시간을 아이들이 참아내기도 어려웠고, 그런 아이들을 먹이고 재우며 보살피기도 쉽지 않았다. 어디 아이들뿐일까. 우리 부부 역시 장시간 차를 운전해야 했고, 치안이 좋지 않은 곳에서는 경계를 늦추지 않으며 초행길을 찾아가야 했다. 모두 쉽지 않았다. 여행을 사전에 계획해 준비하고, 다녀온 후에 짐을 정리하는 것과 같은 사소하고 당연한 일들도 마찬가지였다.

하지만 그럼에도 불구하고 우리는 브라질에서의 여행을 멈출 수 없었다. 브라질을 더 알고 싶었고, 답을 찾기 위해 길 위에 섰다. 그렇게 여행의 즐거운 순간이 차곡차곡 쌓일 때마다 우리 인생에 다시 오지 않을 이 시간을 후회 없이 즐겁게 살아야겠다는 생각이 들었다. 아이가 없는 여행자보다 챙겨야 할 짐도 많고, 시간이나 돈도 더 써야 했지만 아깝지 않았다. 오히려 아이들이 있어서 우리의 여행은 찬란하게 빛났고, 의미 있는 시간이 되었다.

누군가는 어차피 아이들이 기억하지 못할 것이라 말하기도 했다. 그렇다. 아마도 그럴 것이다. 그동안 우리가 브라질에서 함께 다닌 여행지와 그곳에서 겪은 일들을 아이들이 다 기억하지는 못할 것이다. 하지만 우리가 브라질의 낯선 길을 함께 걸으며 나누었던 대화는, 함께 먹고 자며 보낸 시간은, 그래서 더욱 돈독하여졌던 우리의 관계와 넘치는 사랑은 하나도 사라지지 않았다. 브라질의 바다에 뛰어들고, 덜컹거리는 버기를 타며 아이들은 자연을 만났고, 용기와 자신감을 배웠다. 두 아이의 부모로서 우리가 할 수 있는 최선이었다. 가족과 함께 하는 즐거운 여행 속에 아이들은 자랐고, 우리 부부도 함께 자랐다.

어느새 훌쩍 자란 아이들을 보며 이 책을 쓰기 시작했다. 글을 쓰며 다시 세어보니 브라질에서 아이들과 1개의 연방특별구와 7개 주, 총 34개의 도시를 다녔다. 3년 반이라는 짧은 시간 동안 참 많은 곳을 다녔다. 보고 또 봐도 늘 새로운 브라질이기에 가능했을 것이다. 그 모든 기록을 책 한 권에 담기란 쉽지 않았지만 이렇게 무사히 마칠 수 있게 되어 참 감사하다.

이 책이 완성되기까지 가장 큰 힘이 되었던 남편 일형 씨에게 제일 먼저 감사를 전한다. 언제나 우리 가족에게 최고의 브라질 가이드이자 운전기사, 통역사가 되어 주었다. 그리고 내 삶의 기쁨인 아이들 시온, 유준에게도 말로 다 할 수 없는 사랑을 전한다. 언제나 한결같은 지지와 믿음을 보여주신 사랑하는 부모님과 시부모님께도 깊은 감사를 드린다. 낯선 브라질 생활이 외롭지 않도록 함께하며 이 책이 나오기까지 응원해주었던 강구희님과 성애, 은미, 은선, 인정, 유나, 정은, 정안, 지선언니게도 감사드린다. 그리고 나와 우리 가족에게 아낌없는 사랑을 베풀어주었던 브라질 친구들 Lira, Anke, Grace, Mariana, Claudia, Priscilla, Morgan, Paula, Tati, Andrezza, Juliana, Teca에게도, Muito Obrigada! 마지막으로 지구 반대편의 브라질 소식에 늘 귀를 기울여주었던 블로그 이웃님들과 이 책이 나오기까지 수고해주신 출판사 식구들에게도 진심으로 감사드린다.

한 권의 책이 이제 막 완성되었다. 하지만 우리 가족의 브라질 사랑은 아직도 끝나지 않았다. 큰아이는 학급 장기자랑 시간에 브라질에서 읽었던 동화책을 술술 읽었고, 친구들은 너도나도 포르투갈어를 배워 보고 싶다고 했다. 작은아이는 브라질에서 왔다는 이유만으로 축구를 좋아하는 유치원 친구들 사이에서 인기 스타가 되었다. 나 역시 미처 다 쓰지 못한 브라질 이야기를 블로그에 적으며 그곳에서 보낸 꿈같은 시간을 되새기고 있다. 음식을 먹거나 어딘가를 갈 때도 늘 브라질을 떠올린다. 브라질은 이미 우리에게 소중한 삶의 한 부분이 되었다.

우리가 브라질을 떠날 때, 브라질 친구들은 나무로 만든 소품을 선물해주었다. 거기에는 'Vai, Mas Volta!'라는 문구가 쓰여 있었다. 브라질을 떠나는 우리에게 다시 돌아오라는 그녀들의 마지막 인사와 같아서 울컥 눈물이 났었다. 아마도 그 말은 머지않아 실현될 것이다. 아이들은 벌써부터 자신들이 조금 더 크면 다시 브라질에 가보겠노라 말한다. 운명처럼 만났고, 뜨겁게 사랑했던 브라질을 잊을 수 없어서, 그리고 미처 다 보지 못하고 남겨둔 브라질의 도시들이 보고파서 우리는 다시 브라질로 갈 것이다.

지쳐있던 내 삶에 쉼이 되어주었던, 그리고 그녀들의 뜨거운 열정을 채워주었던 브라질이여, 다시 만날 때까지 안녕히.
Até Mais. 아떼 마이스.

· 참고문헌 ·

국내 단행본

- 박명윤, 이건순, 박선주, 『파워푸드 슈퍼푸드』, 푸른행복, 2010.

- 박용남, 『꿈의 도시 꾸리찌바』, 녹색평론사, 2000.

- 월드시티북 편집부, 『World City Book: 상 파울루』, World City Books Co, 2014.

- 이강혁, 『라틴아메리카 역사 다이제스트 100』, 가람기획, 2008.

- 이승덕, 『브라질 들여다보기』, 한국외국어대학교 출판부, 2006.

해외 단행본

- Michael Allaby, 『A Dictionary of Ecology』, Oxford University Press, 2010.

- Isabel Lustosa, 『D. Pedro I』, Companhia das Letras, 2006.

- Oscar Niemeyer, 『The Curves of Time』, Phaidon Press, 2000.

웹 사이트

- 국제커피협회(www.ico.org).

- 브라질 국립통계원(https://www.ibge.gov.br).

- 브라질 환경부(https://www.mma.gov.br).

- 위키피디아(https://pt.wikipedia.org).

- 유네스코 통계연구소(http://data.uis.unesco.org).

- 페스타주니나(https://www.festajunina.com.br).

- 환경대학(https://unilivre.org.br).

- 황윤기, 「브라질 보사노바 : 미묘한 매력의 리듬」, 네이버캐스트 월드뮤직(2013.08.08. URL: https://terms.naver.com/entry.nhn?docId=3576853&cid=58999&categoryId=58999).

- Chebe(https://www.chebe.com).

- Projeto TAMAR(www.tamar.org.br).

- Tudo Gostoso(https://www.tudogostoso.com.br).

- UOL(https://educacao.uol.com.br).